¡OBJETIVO SUBJUNTIVO!

Este cuadernillo se complementa a la perfección con el **curso online**

¡OBJETIVO SUBJUNTIVO!

Lo tienes en la web de Spanish Classes Live:

www.spanishclasseslive.com

Si quieres tener acceso al curso con un precio especial, utiliza este **código promocional**:

subjuntivo30

ÍNDICE

Me gustaría dejarte mi correo electrónico para que te dirijas a mí con cualquier duda sobre este cuadernillo, estaré encantado de ayudarte:

ramondiezgalan@gmail.com

INTRODUCCIÓN

El subjuntivo es un auténtico dolor de cabeza para muchos estudiantes de español, principalmente porque no se emplea en sus lenguas maternas. Empezar a conocer el subjuntivo no suele dar demasiados problemas, incluso realizar exámenes escritos es relativamente sencillo. El verdadero problema viene a la hora de emplearlo con naturalidad y fluidez en las conversaciones del día a día, así que solo hay una solución: practicar, practicar y practicar un poquito más.

En este cuadernillo vamos a intentar hacer un repaso general para facilitar la comprensión del subjuntivo y sus principales usos.

Algunos aspectos a tener en cuenta:

- El subjuntivo no es un tiempo, sino un **modo**. Al igual que el indicativo, el modo subjuntivo posee varios tiempos verbales.
- Veremos que algunas oraciones son correctas con el verbo en subjuntivo y también en indicativo, ambas opciones pueden estar bien. En muchos casos, con el uso del subjuntivo el hablante aporta emoción, probabilidad o incertidumbre a lo que dice.
- El subjuntivo puede causar confusión con el tiempo real al que nos referimos, ya que se puede interpretar como presente, pasado o futuro. Para practicar y acostumbrarnos a sus diferentes usos es mejor que marquemos muy claramente los complementos temporales de las oraciones.

EXPLICACIÓN SIMPLE

Vamos a empezar con una explicación sencilla y rápida que soluciona el 90% de las situaciones con el presente de subjuntivo. Recomendable para una primera toma de contacto o para todos aquellos que tengan poco tiempo para superar un examen y no quieran volverse locos estudiando todos los casos.

FORMACIÓN DEL SUBJUNTIVO
¡TRUCO!

Para la mayoría de los verbos:

1. Tomamos la primera persona del singular del <u>presente de indicativo</u>, da igual que el verbo sea regular o irregular.
Yo tengo, yo trabajo, yo vengo, yo estudio, yo vuelvo, etc.

2. Quitamos la "o" (tener → yo teng**o** → yo <u>teng</u>-)

3. Añadimos las terminaciones del subjuntivo:

Yo teng**a**, tú teng**as**, él teng**a**…
Yo trabaj**e**, tú trabaj**es**, él trabaj**e**…
Yo veng**a**, tú veng**as**, él veng**a**...

	Hablar (-AR)	Comer (-ER)	Vivir (-IR)
yo	habl-e	com-a	viv-a
tú	habl-es	com-as	viv-as
usted, él, ella	habl-e	com-a	viv-a
nosotros/-as	habl-emos	com-amos	viv-amos
vosotros/-as	habl-éis	com-áis	viv-áis
ustedes, ellos/-as	habl-en	com-an	viv-an

* Para la explicación simple solamente vamos a tener en cuenta los tres verbos irregulares más utilizados.

Ser	Estar	Ir
Sea	Esté	Vaya
Seas	Estés	Vayas
Sea	Esté	Vaya
Seamos	Estemos	Vayamos
Seáis	Estéis	Vayáis
Sean	Estén	Vayan

/ 1. Conjuga los siguientes verbos usando el presente de subjuntivo.

1. Tener (yo)   ……………..
2. Probar (ella)   ……………..
3. Bailar (ellos)   ……………..
4. Dormir (tú)   ……………..
5. Ir (nosotros)   ……………..

6. Valer (él)   ……………..
7. Salir (yo)   ……………..
8. Leer (ellos) ……………..
9. Viajar (tú)   ……………..
10. Subir (él)   ……………..

/ 2. Completa las siguientes oraciones usando los verbos del recuadro en presente de subjuntivo.

> gustar – poder – reparar – acabar – estar – ver – estudiar – volver

1. Dudo que ustedes …………….. el proyecto antes del viernes.
2. No creo que a María le …………….. el gazpacho.
3. Es muy posible que yo …………….. a última hora para el examen.
4. Busco a un traductor que …………….. hablar ruso e inglés.
5. ¿Sigues enfermo? Espero que ya …………….. mejor, quiero verte.
6. Marcos, quiero que tú …………….. la moto, lleva rota desde enero.
7. Ojalá que mi novia …………….. pronto de su viaje.
8. Os recomiendo que …………….. esa película, seguro que os gustará.

5

*En la explicación simple vamos a ver 6 situaciones en las que se utiliza el presente de subjuntivo, son las más comunes y se pueden aprender relativamente rápido.

PRESENTE DE SUBJUNTIVO

1 ¡NO.....!

¡NO SALGAS!
¡NO COMPRÉIS!
¡NO VUELVAS!
¡NO DIGAS NADA!

2 OJALÁ

OJALÁ VENGA
OJALÁ SALGA EL SOL
OJALÁ VUELVA PRONTO
OJALÁ ACABE A TIEMPO

3 POSIBILIDAD

QUIZÁS VAYA
PUEDE QUE ESTÉ MAL
TAL VEZ QUIERA IR
ES POSIBLE QUE DUELA

4 2 PERSONAS 2 VERBOS

QUIERO QUE BAILES
NECESITO QUE LO HAGAS
ESPERO QUE SEAS FELIZ
QUIERE QUE YO CANTE

5 CUANDO...

CUANDO SEA MAYOR...
CUANDO TENGA HIJOS...
CUANDO VIAJEMOS...
CUANDO VUELVAS...

6 NO CREO QUE...

NO CREO QUE SEA LISTO
NO PIENSO QUE LO HAGA
NO CREO QUE PUEDA IR
NO PIENSO QUE LEA ESO

1. ¡NO..........!

Utilizaremos el subjuntivo para formar el imperativo en su forma negativa. En otras palabras, para decir: ¡No! ¡No! ¡No!

· Si hablamos de "tú" utilizaremos la segunda persona del singular:

¡No _vayas_!　　　　¡No _fumes_!　　　　¡No _bebas_!

· Si hablamos de "usted" utilizaremos la tercera persona del singular:

Señorita, no _vaya_ ahí　　No _fume_, por favor　　Señor, no _beba_ aquí

· Del mismo modo, con el plural nos dirigimos a "vosotros" o "ustedes":

¡No _vayáis_!　　　Caballeros, no _fumen_ aquí　　　¡No _bebáis_!

/ 3. Pasa las siguientes oraciones del imperativo afirmativo al imperativo negativo.

1. Ven a mi casa. ....
2. Estudiad juntos. ....
3. Id al cine. ....
4. Corre en la playa. ....
5. Toma medicinas. ....
6. Escupe en el suelo. ....

¡NO LADRES!

/ 4. Completa las siguientes oraciones.

1. Alejandro, no .... (decir) esas cosas sobre tu hermana.
2. Señor Ramírez, no .... (dejar) su abrigo en el suelo.
3. No .... (hacer) eso o tendré que echaros de mi casa.
4. Caballero, no .... (encender) su cigarro dentro de la sala.
5. No .... (pasear) por aquí, puede ser peligroso para ustedes.

2. OJALÁ

Siempre que utilicemos la palabra ojalá, esta irá seguida del subjuntivo. Ojalá se emplea para expresar deseos, es una forma de decir "quiero que esto pase", algo similar a las expresiones inglesas (I wish / I hope). En cuanto al tiempo, no es simplemente presente, sino que también nos estamos refiriendo al futuro.

Ojalá <u>haga</u> buen tiempo.　　　　　*Ojalá me <u>llame</u> esa chica.*

* Puede escribirse "que" después de ojalá, es algo opcional y las dos versiones son correctas, aunque en el lenguaje culto es mejor omitir el "que".

Ojalá que <u>haga</u> buen tiempo.　　　*Ojalá que me <u>llame</u> esa chica.*

/ 5. Completa las siguientes oraciones usando los verbos del recuadro.

encontrar – poder – aprobar – mejorarse – ganar – ser

1. Sé que has estudiado mucho, ojalá ……….…….. el examen.
2. Ojalá ellos …………..…... llegar a tiempo a la conferencia.
3. Esta noche es el partido, ojalá …………..….. mi equipo.
4. Mi hermano está en el hospital, ojalá no …………..….. nada grave.
5. Me han dicho que estás resfriado, ojalá …………..….. pronto.
6. Álex perdió su DNI ayer, ojalá que lo …………..….. antes del viaje.

OJALÁ PARE DE LLOVER

3. POSIBILIDAD

Hay una serie de expresiones con las que podemos expresar posibilidad, es decir, que no estamos seguros de si algo pasará o no, sería como utilizar en inglés (maybe). Después de estas expresiones utilizaremos el subjuntivo.

Es posible que...	*Es probable que...*	*Puede que...*
Posiblemente...	*Probablemente...*	*Tal vez...*
No es seguro que...	*Quizás...*	*Quizá...*

* Es cierto que podemos escuchar el indicativo después de alguna de estas expresiones, en ese caso el hablante indica que la posibilidad de que esto suceda es bastante alta, casi real. Mi consejo personal es utilizar siempre el subjuntivo y así evitar errores.

/ 6. Une las oraciones que expresan posibilidad (columna izquierda) con las expresiones (columna derecha).

1. Es probable que sea su madre o su padre.

a) *Cariño, he vomitado, voy a hacerme el test de embarazo.*

2. Quizás esté hablando su jefe.

b) *Por favor, muéstrele el billete al revisor.*

3. Puede que vaya a tener un hijo.

c) *Espero que dejes el informe encima de mi escritorio hoy.*

4. Posiblemente su profesor le esté diciendo algo.

d) *Lo siento mucho, era buena persona, le echaremos de menos.*

5. Tal vez se encuentre en un transporte público.

e) *Quiero que vuelvas a casa antes de las once de la noche.*

6. Probablemente esté en un funeral.

f) *Como no hagas los deberes más a menudo vas a suspender.*

4. 2 PERSONAS / 2 VERBOS

Cuando veamos una oración con dos verbos diferentes, dos personas diferentes y entre ellas un "que" es muy probable que debamos utilizar el subjuntivo. Normalmente son situaciones en las que una persona quiere, espera o necesita algo de otra.

Yo quiero que **tú** <u>limpies</u> la casa.

Ella quiere que <u>vayamos</u> juntos.   *Necesito que <u>hables</u> con él.*

Buscamos un piso que <u>sea</u> luminoso.   *Espero que <u>tengas</u> suerte.*

/ **7. Completa las siguientes oraciones usando los verbos del recuadro.**

abrir – gritar – mentir – cenar – decir – barrer – tener – cambiar

1. Ellos quieren que vosotros ……….…….. la verdad.
2. Necesito que el cerrajero ……….…….. la puerta, no puedo entrar.
3. Marcos espera que yo ……….…….. con él esta noche en un bar.
4. Ellos buscan un coche que ……….…….. el maletero grande.
5. Espero que no me ……….…….. otra vez, hay que decir la verdad.
6. Mi novia quiere que ……….…….. el suelo, pero no tengo tiempo.
7. Espero que no ……….…….. del susto, te va a dar mucho miedo.
8. Quiero que mi hijo ……….…….. de actitud, puede tener problemas.

5. CUANDO...

Podemos utilizar la palabra "cuando" seguida del subjuntivo o del indicativo, pero significará dos cosas diferentes:

· Cuando + indicativo, se utiliza para hablar de cosas que pasan con frecuencia, podría ser un sinónimo de "siempre que". También se puede emplear para hablar del pasado.

Cuando bebo mucho alcohol me duele la cabeza.
Cuando entré en la sala vi a Juanjo.

· Cuando + subjuntivo, se utiliza para referirnos a un momento **futuro**, generalmente irá seguido del futuro simple o del imperativo.

Cuando tenga 50 años viviré en México.
Cuando salgas de la escuela, llámame.

/ **8. Completa las siguientes oraciones eligiendo entre el indicativo o el subjuntivo.**

1. Cuando yo .... (esperar) al autobús suelo ir abrigado.
2. Cuando .... (morir) mi abuelo, ella se quedará sola.
3. Avísame cuando tu tren .... (salir) de la estación.
4. Cuando él .... (enviar) un email no usa apenas palabras.
5. Cuando mi hijo .... (soñar) se despierta muy feliz.
6. Sabrás lo que es bueno cuando .... (probar) el alioli.
7. Cuando .... (entrar) en la tienda verás que ha cambiado.
8. Mi marido llora cuando .... (cortar) cebolla.
9. Cuando .... (terminar) el trabajo llámame, te esperaré.
10. Cuando .... (viajar) en avión me pitan los oídos.

11

6. NO CREO QUE...

Siempre que veamos "no creo que", "no pienso que", "no es verdad que" o "no es cierto que" debemos utilizar el subjuntivo. Mucho cuidado, porque con la forma afirmativa "creo que", "pienso que", etc., utilizaremos el indicativo.

Pienso que ella es guapa.   *No pienso que ella <u>sea</u> guapa.*
Creo que quiere hacerlo   *No creo que <u>quiera</u> hacerlo.*

/ **9. Completa las siguientes oraciones usando los verbos del recuadro. Debes emplear el modo <u>indicativo</u> o <u>subjuntivo</u>.**

odiar – montar – deber – costar – funcionar – saber – durar – medir

1. No creo que .... más de diez euros.
2. Pensamos que ella .... lo que hace, no necesita ayuda.
3. No es verdad que Fran .... a caballo regularmente.
4. Es cierto que Pau Gasol .... más de dos metros.
5. No creo que .... comparar a tu novia con tus ex.
6. Es verdad que la tostadora no .... bien, está estropeada.
7. Está enfadado por lo que hicimos, pero no creo que nos ....
8. Pienso que el viaje .... unas tres horas y media.

EJERCICIOS GENERALES

10. Escucha la canción en YouTube, Spotify o en otro lugar y completa los huecos que faltan con el subjuntivo.

Que me quedes tú, Shakira

Que se arruinen los canales de noticias
Con lo mucho que odio la televisión
Que se ……..…….(1) anticuadas las sonrisas
Y se extingan todas las puestas de sol
Que se …………..(2) las doctrinas y deberes
Que se terminen las películas de acción
Que se destruyan en el mundo los placeres
Y que se …………..(3) hoy una última canción

Pero que me quedes tú, me quede tu abrazo
Y el beso que inventas cada día
Y que me …………..(4) aquí después del ocaso
Para siempre tu melancolía
Porque yo, ya lo sé, sí
Que dependo de ti
Si me quedas tú me queda la vida

Que …………..(5) todos los vecinos
Y se coman las sobras de mi inocencia
Que se …………..(6) uno a uno los amigos
Y acribillen mi pedazo de conciencia
Que se …………..(7) las palabras en los labios
Que contaminen todo el agua del planeta
O que renuncien los filántropos y sabios
Y que se …………..(8) hoy hasta el último poeta

*Estribillo

13

/ 11. Clasifica las siguientes oraciones, eligiendo si debería emplearse el <u>indicativo</u> o el <u>subjuntivo</u>.

1. Ojalá mi hermano (volver) esta semana.
2. Eva nunca (bañarse) en el mar.
3. Quiero que Fran (afeitarse) la barba.
4. Nosotros creemos que ella (ser) la mejor de la clase.
5. Cuando nosotros (salir) ya será de noche.
6. Espero que Gonzalo (poder) ir a mi fiesta.
7. Yo no soy rico, pero (tener) todo lo que necesito para vivir.
8. Pienso que tú (deber) hacer eso sin mí.
9. Ojalá nosotros (terminar) el curso antes del viernes.
10. Cuando (correr) mucho tiempo me duele la rodilla derecha.
11. Es probable que nosotros (mudarse) a Cádiz.
12. Necesito que tú me (ayudar) con los verbos irregulares.
13. Yo (buscar) una casa grande y barata.
14. Ojalá Ramón (acabar) pronto de corregir mis tareas.
15. Cuando nosotros (ir) al cine solemos quedarnos dormidos.
16. No creo que el Atlético de Madrid (ganar) la liga este año.
17. Es verdad que tu ciudad (ser) más grande que la mía.
18. Cuando Fernando (comprar) los billetes me avisará.
19. Julián, no (hablar) con desconocidos.
20. Necesito que mis hijos (ordenar) su cuarto.

INDICATIVO	SUBJUNTIVO

12. Completa los diálogos con las siguientes oraciones.

a) Quiero que arregles la tubería del fregadero.
b) Pues estoy buscando un informático que entienda de programación.
c) Espero que lo pases bien.
d) Cuando me jubile tendré un chalé con piscina.
e) No creo que sea una buena idea, me mareo mucho con el oleaje.
f) No traigas una barra integral, sabes que las odio.
g) Lo tendrá difícil, no creo que posea mucha experiencia en el puesto.
h) Quizás debas cambiarle las pilas.

1. A: Voy a ir a la boda de mi prima este fin de semana.
   B: ....

2. A: ....
   B: Ahora no tengo tiempo, lo haré mañana.

3. A: Dime exactamente qué tipo de empleado necesitas.
   B: ....

4. A: Voy a pasar por la panadería de camino a casa.
   B: ....

5. A: ....
   B: Y yo iré a visitarte cada fin de semana.

6. A: ¿Qué opinas sobre la sustituta de la encargada?
   B: ....

7. A: El mando a distancia no funciona bien.
   B: ....

8. A: ¿Qué opinas sobre ir en barco a Ibiza?
   B: ....

✏ 13. Lee la entrevista y di si las siguientes afirmaciones son verdaderas (V) o falsas (F).

ENTREVISTA AL ESCRITOR SERGIO DEL MOLINO

Decía Rosa Montero que todo libro es lo que su escritor es. ¿Qué representa para ti "La mirada de los peces"?

Hay un fondo de verdad en esa frase. Al fin y al cabo, toda literatura que nos llega tiene un componente autobiográfico muy fuerte. Pero no estoy tan seguro de que un libro sea lo que su autor es. Hay muchos escritores que utilizan los libros para ocultarse, como hacía Francisco Umbral. Él usaba una frase de Valle Inclán que venía a decir: "usted lo que tiene que hacer es construirse una máscara". Yo no reflexiono mucho sobre los libros antes de escribirlos. Soy un escritor bastante intuitivo, no sé muy bien lo que estoy haciendo cuando lo estoy haciendo.

En tu novela estás confrontando al Sergio adolescente con el Sergio adulto. ¿Existe un conflicto entre ambos?

Siendo realistas, no puede haber un conflicto, porque estamos en planos desiguales. Hay uno vivo y otro muerto, y eso hace que el primero juegue con ventaja. En el caso hipotético de que pudiesen encontrarse, creo que mi yo adolescente despreciaría profundamente lo que soy ahora. Me reprocharía absolutamente todo, no aprobaría nada de mi vida actual. Desde mi yo presente, hay cierta condescendencia y cierto paternalismo hacia el Sergio adolescente. No puedo evitar verme a mí mismo como si fuera mi propio hijo.

¿La literatura no sirve de terapia?

Estoy muy en contra de la literatura concebida como terapia, porque considero que es todo lo contrario. La literatura implica una indagación, y cuando uno indaga en algo que le duele está amplificando ese dolor. Al escribir, uno se regodea en esa tristeza. Mis reacciones se canalizan a través de la literatura, y probablemente esto se deba a un trastorno personal, a una torpeza vital...pero no creo que se pueda usar la literatura

16

como parapeto para no enfrentarte a algo. Para mí, la literatura es simplemente una forma de estar en el mundo. Yo la concibo así, ni siquiera la veo como un medio para transformar el mundo.

¿No crees que la literatura puede ser una herramienta para provocar cambios sociales?

La experiencia de 25 siglos de literatura nos dice que no. Creo que hay tres libros que han cambiado el mundo: la Biblia, el Corán y el Manifiesto Comunista. Fuera de esos tres libros, no hay otros que lo hayan hecho. La literatura no puede aspirar a ser un motor de cambio social, porque se relaciona con la humanidad de una forma mucho más sutil y mucho más íntima. Si quieres hacer política, la literatura es uno de los peores caminos que puedes elegir. Hay otras opciones para eso, como el periodismo. Cuando yo quiero intervenir socialmente, escribo columnas periodísticas.

Adaptado de: www.elsaltodiario.com

		V	F
1.	No cree que los libros sean reflejos de sus autores.		
2.	Necesita a alguien que le ayude con la escritura de sus novelas.		
3.	Asegura que la versión adolescente de sí mismo le diría a su "yo" actual: ¡No hagas eso!		
4.	Sergio no cree que la literatura pueda funcionar de forma terapéutica para los escritores.		
5.	El escritor asegura que cuando la gente lea su nueva novela se producirá un cambio social radical.		

14. Completa el siguiente texto eligiendo entre las posibles respuestas (A – B – C).

PERROS Y FUEGOS ARTIFICIALES

La inmensa mayoría de los perros tienen miedo a los fuegos artificiales. De hecho, los fuegos artificiales …..(1)….. prácticamente a todas las mascotas, ya sean perros, gatos, roedores o incluso aves. Por este motivo, es fundamental que tomes precauciones para que tu amigo de cuatro patas se …..(2)….. seguro y protegido durante los fuegos artificiales. Además, de esta forma le estarás ayudando a controlar su ansiedad ante los fuertes estruendos.

Prepárate con antelación

El fuerte sonido de los fuegos artificiales y las luces brillantes asustan demasiado a las mascotas. Por ello, es fundamental que sepas en qué zona exacta van a lanzar los fuegos artificiales. También deberías comprobar que el microchip de tu perro …..(3)….. actualizado, ya que si se escapa te resultará mucho más fácil encontrarlo.

Asimismo, si expones a tu mascota a sonidos fuertes con anticipación, es posible que tu perro se …..(4)….. y que deje de sentir miedo. Podrías reproducir música o sonidos de fuegos artificiales una semana antes del evento en cuestión, ya que así le estarás enseñando que no hay ningún motivo para tener miedo.

Aísla la casa tanto como puedas

Tendrás que dejar las luces encendidas en todo momento, ya que esto calmará a tu mascota y hará que se sienta más segura. Igualmente, es importante que aísles la casa tanto como puedas, cerrando las persianas, cortinas y puerta de la habitación. Además, si tu perro está dentro de una jaula (porque acostumbra a utilizarla) …..(5)….. cubrirla con una manta gruesa para atenuar los ruidos fuertes.

Igualmente, puedes poner música clásica o relajante para intentar tranquilizarle. Otra opción es dejar encendido el televisor o la radio, ya que son sonidos habituales que …..(6)….. calmarle.

Encuentra una habitación alejada de las ventanas

Si puedes, refugia a tu mascota en una habitación sin ventanas, pues así estará mejor aislado de los ruidos externos. Además, tendrá que ser un lugar que puedas cerrar para que tu peludo no corra por toda la casa y, por ende, cree un gran desorden o se …..(7)…...

Por otro lado, si convives con animales de distintas especies (por ejemplo, gatos y perros) lo idóneo es que los …..(8)….. en habitaciones diferentes.

Consulta a un veterinario

Si tu mascota tiene un miedo excesivo a los fuegos artificiales y crees que podría lastimarse (o se altera tanto que incluso peligra su vida) lo mejor que puedes hacer es acudir a un veterinario. …..(9)….. al veterinario varias semanas antes del evento para que pueda valorar si tu perro necesita o no un tranquilizante. Y, por supuesto, dale a tu mascota tantos mimos como sea posible, pues no hay nada que …..(10)….. más a los peludos que las caricias y palabras cariñosas.

Adaptado de: www.muyinteresante.es

OPCIONES

1. a) asustan   b) asusten   c) asustamos
2. a) siente   b) sienta   c) siento
3. a) esté   b) estés   c) estoy
4. a) acuestumbre   b) acostumbro   c) acostumbre
5. a) deberás   b) debas   c) deba
6. a) podrá   b) puedan   c) podrían
7. a) lástima   b) lastime   c) lastima
8. a) confines   b) confine   c) confinen
9. a) Visite   b) Visita   c) Visito
10. a) tranquilice   b) tranquilices   c) tranquilizo

15. Escucha la canción en YouTube, Spotify o en otro lugar y completa los huecos que faltan con el subjuntivo.

A Dios le pido, Juanes

Que mis ojos se ……..…….(1)
Con la luz de tu mirada yo
A Dios le pido
Que mi madre no se muera
Y que mi padre me ……..…….(2)
A Dios le pido

Que te ……..…….(3) a mi lado
Y que más nunca te me vayas mi vida
A Dios le pido
Que mi alma no ……..…….(4) cuando
De amarte se trate mi cielo
A Dios le pido

Por los días que me quedan
Y las noches que no llegan yo
A Dios le pido
Por los hijos de mis hijos
Y los hijos de tus hijos
A Dios le pido

Que mi pueblo no ……..…….(5) tanta sangre
Y se ……..…….(6) mi gente
A Dios le pido
Que mi alma no descanse cuando de amarte se ……..…….(7), mi cielo
A Dios le pido

Un segundo más de vida para darte
Y mi corazón entero entregarte
Un segundo más de vida para darte
Y a tu lado para siempre yo quedarme
Un segundo más de vida yo
A Dios le pido

Y que si me muero ……..…….(8) de amor
Y si me enamoro sea de voz
Y que de tu voz ……..…….(9) este corazón
Por los días a Dios le pido (x2)

PRESENTE DE SUBJUNTIVO

EXPLICACIÓN AVANZADA

Tras completar la explicación avanzada ya dominaremos todos los verbos irregulares y muchos más casos en los que se emplea el subjuntivo.

Vamos a ver que, en muchas ocasiones, el subjuntivo refleja la intención del autor. Puede ser una forma de expresar duda sobre lo que se está diciendo o simplemente mostrar que lo que se transmite no es real, está simplemente en cabeza de quien habla. Mira estos dos ejemplos:

La novia de Iván es alta y rubia, tiene los ojos azules y el pelo largo. A ella le gusta bailar. Es una persona real, se llama Ángela, uso el indicativo.

*Quiero que Iván **encuentre** una novia pronto, ojalá ella **sea** inteligente y le **ayude**. Espero que a ella le **guste** bailar. No conozco a esta chica, está únicamente en mi pensamiento, es por ello que utilizo el subjuntivo.*

Algunas de las expresiones más comunes que requerirán el uso del subjuntivo son las siguientes:

a menos que…	antes de que…	con tal de que…
conviene que…	después de que…	dudo que…
en caso de que…	en cuanto…	es difícil que…
es fácil que…	es fantástico que…	es imposible que…
es increíble que…	es una lástima que…	es mejor que…
es necesario que…	espero que…	es raro que…
es ridículo que…	hasta que…	mientras que…
no creo que…	ojalá…	para que…
quiero que tú…	prefiero que tú…	puede que…
sin que…	tan pronto como…	tengo miedo de que…

VERBOS IRREGULARES

Empezaremos con los verbos completamente irregulares:

Ser	Estar	Ir	Dar	Saber	Haber
Sea	Esté	Vaya	Dé	Sepa	Haya
Seas	Estés	Vayas	Des	Sepas	Hayas
Sea	Esté	Vaya	Dé	Sepa	Haya
Seamos	Estemos	Vayamos	Demos	Sepamos	Hayamos
Seáis	Estéis	Vayáis	Deis	Sepáis	Hayáis
Sean	Estén	Vayan	Den	Sepan	Hayan

Las tildes cobran especial importancia en este momento, debemos escribirlas para no confundir las formas verbales "esté" y "dé" con las palabras "este" y "de".

/ 16. Completa las siguientes oraciones utilizando las palabras del recuadro según sea necesario.

> esté – este – dé – de

1. Aquel coche es bastante más caro que ....

2. Espero que tu hijo te .... muchas alegrías en la vida.

3. El coche .... Lucía está roto.

4. Cuando .... recuperado de mi lesión te llamaré.

5. Este regalo es .... parte de todos los amigos.

6. Cuando el embajador te .... la bienvenida ofrécele tu mano.

7. Mi pueblo está a unos veinte kilómetros al .... de la capital.

8. No sabemos nada de él, es posible que .... de viaje.

Algunos verbos de los conjugados utilizando el "truco" tendrán cambios vocálicos en las personas "nosotros y vosotros"

Querer	-E-
Quiera	**Igual que "querer"**
Quieras	
Quiera	
Queramos	calentar, cerrar,
Queráis	entender, empezar,
Quieran	pensar, perder, regar

Sentir	-I-
Sienta	
Sientas	**Igual que "sentir"**
Sienta	
Sintamos	
Sintáis	divertir, preferir,
Sientan	mentir.

Poder	-O-
Pueda	**Igual que "poder"**
Puedas	
Pueda	
Podamos	contar, costar, doler,
Podáis	encontrar, llover,
Puedan	mover, soñar.

Dormir	-U-
Duerma	
Duermas	
Duerma	**Igual que "dormir"**
Durmamos	
Durmáis	
Duerman	morir, jugar

Hay verbos que sufren cambios en alguna letra para mantener el sonido del infinitivo. Esto suele suceder con las letras "c" y "g" que, al juntarse con las vocales "e, i", deben ser reemplazadas por "qu-, gu-". También puede haber cambios de "g" por "j" o de "z" por "c". Mira los ejemplos:

*BUSCAR – Ojalá ella bus**que** la información.*

*JUGAR – Espero que los niños jue**guen** sin pelearse.*

23

/ 17. Elige la opción correcta (algunas están mal escritas).

1. Quiero que ………….. (conocer) a mi novio, se llama Ángel.
a) conozcas   b) conozas   c) conocas   d) conozques

2. A ella no le gusta que nosotros ………….. (cazar) ciervos.
a) caquemos   b) cazamos   c) cazemos   d) cacemos

3. Ojalá la policía ………….. (investigar) lo sucedido.
a) investigue   b) investiga   c) investige   d) investigo

4. Cuando ………….. (coger) el metro fíjate en el cartel de la entrada.
a) cojes   b) cogas   c) cojas   d) coges

5. Necesitamos que ………….. (convencer) a tu padre de que te deje salir.
a) convensas   b) convences   c) convenzas   d) convezcas

6. Espero que vosotros ………….. (poder) hacer algo para arreglar esto.
a) podáis   b) podéis   c) puedáis   d) puedéis

7. Ojalá el próximo curso nuestras clases ………….. (empezar) antes.
a) empiecen   b) empecen   c) empiezan   d) empecemos

8. Sospecho que ella quiere que nos ………….. (morir) pronto.
a) mueramos   b) muramos   c) morimos   d) muerimos

9. Te lo digo por experiencia, no le ………….. (consentir) todo a tu hijo.
a) consentas   b) consentes   c) consientas   d) consientes

10. No creo que mis palabras ………….. (influir) en sus decisiones.
a) influyan   b) influyen   c) influian   d) influien

11. Quiero que mi sobrino ………….. (practicar) un poco con el patinete.
a) practica   b) practique   c) practice   d) practize

12. La próxima vez, cuando te ………….. (pedir) algo, hazlo sin quejarte.
a) peda   b) pedi   c) pide   d) pida

13. No creo que nosotros ………….. (entender) este texto sin tu ayuda.
a) entendemos   b) entendamos   c) entiendemos   d) entiendamos

14. No ………….. (volver) a decirme que no tienes dinero, trabaja.
a) vuelvas   b) vuelves   c) volvas   d) volves

15. Necesito que mi secretario ………….. (buscar) clientes en Egipto.
a) busco   b) busce   c) busca   d) busque

16. No cantes victoria hasta que no ………….. (jugar) el partido.
a) juguemos   b) juegamos   c) jugamos   d) jueguemos

PRESENTE DE SUBJUNTIVO

1 EXPRESAR DESEOS

OJALÁ SEPA HACERLO
ESPERO QUE SEA ASÍ
QUE TENGAS SUERTE

2 DAR CONSEJOS

TE ACONSEJO QUE
VAYAS CON ELLOS
OS RECOMIENDO QUE
VEÁIS ESA PELÍCULA

3 TRANSMITIR DUDAS

PUEDE QUE HAYA PAN
QUIZÁS ESTÉ HECHO
TAL VEZ SEA SUFICIENTE

4 OPINIÓN NEGATIVA

NO PIENSO QUE SEA ASÍ
NO CREO QUE VAYAN
NO ES CIERTO QUE LEA

5 CUALIDADES DE COSAS O PERSONAS DESCONOCIDAS

BUSCO UN PISO QUE
TENGA BUENAS VISTAS
NECESITO UN PROFESOR
QUE HABLE FRANCÉS

6 PETICIONES

PÍDELE QUE SALGA YA
DILE QUE VUELVA
DICE QUE LO HAGAS

7 IMPERATIVO DE USTED Y NEGATIVO

¡NO JUEGUES CON ESO!
SEÑOR, HÁGAME CASO
NO TOQUES MIS COSAS

8 FINALIDAD

TE LO DOY PARA QUE
LO USES
TE LO DEJO PARA QUE
ESCRIBAS

9 EMOCIONES

ME GUSTA QUE SONRÍAS
LE ENFADA QUE GRITE
ME ENCANTA QUE LEAS

10 FUTURO

CUANDO SEA MAYOR
EN CUANTO VAYA
HASTA QUE ACABE

11 CONCESIVAS

AUNQUE SEA BUENO
JAMÁS PODRÁ GANAR
PESE A QUE LO DIGA MIL
VECES NO LO HARÉ

12 VALORACIÓN

ES NECESARIO QUE
CAMBIEN DE IDEA
ME PARECE INCREÍBLE
QUE LE APOYES

1. EXPRESAR DESEOS

Como ya hemos visto antes, el subjuntivo se utiliza siempre después de la palabra "**ojalá**", esta palabra viene de la lengua árabe, de la expresión "in sha'a Allah" y se puede traducir como "si Dios quiere".

Ojalá vuelvan pronto.

También debemos utilizar el subjuntivo al tener "dos verbos" y "dos personas", si nuestra intención es expresar un deseo, siempre entre ambos verbos encontraremos un "que".

Quiero que me ayudes a limpiar la casa.
Necesito que vayas al garaje.
Ella quiere que lo hagamos. (nosotros)
Espero que tengas un buen día.

* En este último caso, a veces veremos cómo desaparece el principio de la oración y simplemente diremos *"que tengas un buen día"*.

/ 18. Completa las siguientes oraciones.

1. Ojalá ………….. (acabar) pronto esta reunión, es aburridísima.

2. Que ………….. (pasar) un buen fin de semana.

3. Quiero que mi primo ………….. (venir) a visitarme este verano.

4. Gonzalo necesita que nosotros ………….. (limpiar) la cocina hoy.

5. Espero que tu jefe ………….. (tranquilizarse) pronto.

6. Ojalá ………….. (hacer) buen tiempo mañana, quiero ir a la playa.

7. Mi cuñado quiere que nosotros ………….. (ver) esa película juntos.

8. Espero que toda esta situación ………….. (acabar) cuanto antes.

9. Miriam necesita que su novio le ………….. (decir) la verdad.

10. Ojalá ………….. (volver) mi ahijado pronto, quiero hablar con él.

2. DAR CONSEJOS

Podemos dar consejos de diferentes formas, una de ellas es utilizando el subjuntivo, de nuevo tendremos "dos personas" y "dos verbos" separados por un "que". Las oraciones vendrán introducidas por:

Te aconsejo que...   *Te sugiero que...*
Te recomiendo que...   *Lo mejor es que...*

/ 19. Completa las siguientes oraciones, conjugando los verbos en <u>indicativo</u> o <u>subjuntivo</u>.

1. Te aconsejo que ………….. (ir) a la zona norte del país.

2. Te recomiendo ………….. (visitar) las calas y playas.

3. Mi madre siempre me recomienda que ………….. (ensayar) en solitario antes de cada concierto, ella es cantante y sabe lo que dice.

4. Yo en tu lugar ………….. (decir) siempre la verdad, te abrirá muchas puertas en la vida.

5. Cristina, te recomiendo que ………….. (dejar) a Felipe, no te conviene.

6. Yo que tú no ………….. (dejar) los juguetes en el suelo, tu abuelo se podría tropezar.

7. Te sugiero que ………….. (leer) esa novela, aún sin tener la edad.

8. Ella siempre me aconseja que ………….. (contar) dos veces a los niños que salen al patio.

9. Te recomiendo ………….. (poner) los zapatos sucios en el balcón.

10. Lo mejor es que tú ………….. (salir) de fiesta esta noche.

3. TRANSMITIR DUDAS

Podemos expresar dudas utilizando el subjuntivo, las oraciones vendrán introducidas por:

Es posible que...	*Posiblemente...*
Es probable que...	*Probablemente...*
Quizás...	*Puede que...*

* Es cierto que podemos escuchar tanto "Quizás lo hago mañana", usando el indicativo, como "Quizás lo haga mañana" con el verbo en modo subjuntivo, la diferencia es que el hablante muestra sus dudas sobre que esto pase utilizando el subjuntivo.

/ 20. Une las oraciones de las dos columnas.

1. El árbitro pita muy mal,...

a. ...puede que esté lesionado.

2. Fran y Gonzalo han apostado a que su equipo iba a ganar,...

b. ...quizás hayan tenido suerte durante el partido.

3. Se llevan a nuestro mejor jugador en camilla,...

c. ...es posible que el otro equipo le haya pagado.

4. Han ganado, pero han jugado peor que el otro equipo,...

d. ...es posible que quedemos subcampeones.

5. En la liga ya no podemos alcanzar al primero,...

e. ...es probable que pierdan el dinero.

4. OPINIÓN NEGATIVA

Debemos utilizar el subjuntivo en oraciones introducidas por:

No pienso que....   *No creo que...*
No es verdad que...   *No es cierto que...*

Esto es debido a que, en cierto modo, estamos expresando algo de duda.
Sin embargo, al utilizar la forma afirmativa usaremos el indicativo

Creo que ella es muy guapa.   *No creo que ella <u>sea</u> guapa.*
Pienso que debes hacerlo.   *No pienso que <u>debas</u> hacerlo.*

/ 21. Lee los diálogos y elige la opción correcta (a/b).

1. *Mario: ¿Qué vas a hacer con ese mechero?*
Jorge: Encender la mecha de este cohete.
Mario: ¿Aquí? ¿Dentro del salón?
a) Me parece una buena idea.
b) No creo que sea una buena idea.

2. *Pepe: Mi ex novia quiere que continúe yendo a su casa a poner las lavadoras porque ella no sabe hacerlo. Al menos durante tres meses.*
Luis: Pasa de ella.
a) Luis piensa que Pepe debe ir a casa de su ex.
b) Luis no cree que Pepe deba ir a casa de su ex.

3. *Ágata: ¿Has hablado ya con el fontanero? Hay goteras en casa.*
Ramón: Todavía no. Pero tranquila, que un día de estos llamaré.
Ágata: Ya llevas un mes diciendo eso.
a) Creo que va a llamar ahora mismo.
b) No creo que llame en este momento.

4. *Fran: ¡Gonzalo! Ven rápido. Quiero que me ayudes a levantar esto.*
Gonzalo: Estás como una cabra, pesa más de una tonelada.
Fran: No me seas gallina, vamos a intentarlo.
a) No creo que lo consigan.
b) Seguro que lo consiguen.

5. *Raúl: Cariño, ¿dónde está el botiquín? Me he limado las uñas con demasiada fuerza y me he hecho una herida. ¿Tenemos escayola?*
Ana: Creo que con una tirita será suficiente.
a) No creo que sea grave.
b) Parece algo serio.

5. CUALIDAD DE PERSONAS O COSAS DESCONOCIDAS

Usaremos el subjuntivo para hablar de las características de algo o alguien que buscamos, necesitamos o queremos conocer, siempre que sea desconocido y venga introducido pon un "que".

Álex puede ayudarme.   *Busco a alguien que pueda ayudarme.*
Mi coche es rápido.   *Necesito un coche que sea rápido.*

/ **22. Completa el siguiente texto eligiendo entre las posibles respuestas (A – B – C).**

Buenos días, mi nombre es Antonio Orozco, dirijo una gran empresa multinacional que tiene su sede en Málaga. Constantemente estamos innovando, en estos momentos buscamos a una persona que …..(1)….. utilizar Excel, ya que nuestra actual secretaria …..(2)….. un poco mayor y no se aclara con los programas informáticos. Estoy pensando en expandir el negocio al sureste asiático, necesitamos encontrar un lugar que …..(3)….. tranquilo y que …..(4)….. buenas comunicaciones por tierra, mar y aire. La mayoría de nuestros clientes …..(5)….. en esa zona y creo que la empresa debería tener presencia allí. Debemos …..(6)….. todo rápidamente, puesto que la competencia está intentando acceder a ese mercado. Por ello, buscamos un asesor que …..(7)….. guiarnos durante el proceso. Por supuesto, necesitamos que esta persona …..(8)….. hablar, como mínimo, tailandés.

1.	a) sabe	b) sepa	c) sabría
2.	a) es	b) sea	c) esté
3.	a) ser	b) es	c) sea
4.	a) tiene	b) tenga	c) tendría
5.	a) están	b) estén	c) estar
6.	a) planifico	b) planifique	c) planificar
7.	a) pueda	b) puede	c) poder
8.	a) saber	b) sepa	c) sabe

6. PETICIONES

Podemos utilizar el subjuntivo para transmitir órdenes o peticiones. Siempre tendremos dos personas diferentes y un "que" entre el verbo que introduce la oración principal y el que debe ir en subjuntivo (oración subordinada).

Dile que salga ya de la ducha.
Ella dice que limpies la casa ahora mismo.

DILE A TU MADRE QUE COMPRE OTRO CHAMPÚ

/ 23. Completa las siguientes oraciones, conjugando los verbos en indicativo o subjuntivo.

1. Dime que me ………….. (ir) y lo haré.

2. Tu hermano es un vago, dile que ………….. (ponerse) las pilas o tendrá problemas en el futuro.

3. ¡Alberto, ………….. (recoger) los platos de la mesa!

4. Dile a Alberto que ………….. (recoger) los platos de la mesa.

5. Papá, por favor, dile a Jaime que ………….. (dejar) las llaves debajo de la alfombrilla.

6. ………….. (salir) de mi apartamento, no quiero volver a verte.

7. Dile que ………….. (salir) de mi apartamento, no quiero volver a verle nunca más.

8. Pídele que me ………….. (devolver) mi mando de la videoconsola, ya lo tiene demasiado tiempo.

9. Dinos que lo ………….. (hacer) y nosotros lo haremos, así de fácil.

10. Cariño, dile a tu padre que no me ………….. (controlar) todo el tiempo, tiene que aprender a confiar en mí.

7. IMPERATIVO NEGATIVO Y DE USTED

Como hemos visto antes, al usar el imperativo en su forma negativa utilizaremos el subjuntivo.

¡No vayas a la fiesta!   *¡No bebas alcohol en casa!*

También usaremos el subjuntivo cuando con el imperativo nos dirijamos a "usted" o "ustedes", tanto en la forma afirmativa como negativa.

Señor, salga usted primero.   *Por favor, no pase por aquí.*

/ 24. Pasa las siguientes oraciones del imperativo afirmativo al imperativo negativo.

1. Coge los papeles.   ....
2. Bebed zumo.   ....
3. Fumad en la oficina.   ....
4. Compra por internet.   ....
5. Estudia por la noche.   ....
6. Sal del sótano.   ....

SEÑOR, NO PIERDA LA LLAVE MAGNÉTICA DE SU HABITACIÓN

/ 25. Completa las siguientes oraciones.

1. Señorita, ... (ir) usted delante.
2. Por favor, caballero, ... (dejar) su abrigo aquí.
3. Lo siento mucho, jefa. Por favor, ... (tener) en cuenta que no disponíamos de mucho tiempo para hacerlo.
4. Señor, ... (seguir) todo recto hasta la avenida Hispanidad y luego gire a la derecha.
5. Usted .... (entrar) primero que yo le sigo.
6. Señor Ramírez, no .... (escuchar) a su socio.

8. FINALIDAD

Vamos a utilizar el subjuntivo siempre que tengamos la expresión "para que" entre dos personas diferentes y dos verbos.

Yo te doy este libro para que estudies español.

TE REGALO ESTA FLOR PARA QUE ESTÉS FELIZ

📍 26. Une las oraciones de las dos columnas.

1. Yo te doy este sacacorchos...

a. ...para que puedas cocinar sopa.

2. Te compraré una olla...

b. ...para que te entretengas en casa.

3. Te dejo mi rotulador...

c. ...para que limpies toda la cocina.

4. Te he traído unos cuantos pasatiempos...

d. ...para que abras la botella de vino.

5. Te voy a dejar este destornillador...

e. ...para que subrayes las palabras importantes.

6. Te he traído unos trapos y una fregona...

f. ...para que aprietes los tornillos.

9. EMOCIONES

Podemos usar el subjuntivo para hablar sobre lo que a alguien le gusta o disgusta de otra persona, siempre tendremos dos sujetos diferentes y entre ellos un "que".

Me gusta que tú.... *No me gusta que ella...*
Me encanta que mi amigo... *A él le enfada que su novia...*

/ 27. Elige la opción correcta (algunas están mal escritas).

1. A Lucas le gusta que Natalia se ………….. (vestir) así.
a) viste   b) vista   c) visto   d) vistas

2. Lola lleva ropa muy bonita, ella se ………….. (vestir) muy bien.
a) viste   b) vista   c) vistiera   d) visto

3. Él ha estado haciendo deporte, por eso ………….. (oler) mal.
a) huele   b) huela   c) oliera   d) ole

4. Le molesta que las sábanas ………….. (oler) mal cuando duerme.
a) huelen   b) oláis   c) olieran   d) huelan

5. Él dice que no ………….. (poder) encontrar trabajo.
a) puedas   b) pueda   c) puede   d) pode

6. Le disgusta que su novio no ………….. (saber) usar la lavadora.
a) supo   b) sepas   c) sabe   d) sepa

7. La comida estaba riquísima, Bea ………….. (ser) muy buena cocinera.
a) fuera   b) sea   c) es   d) está

8. A mí me encanta que vosotros ………….. (ser) buenas personas.
a) estéis   b) seáis   c) sois   d) estáis

9. Nos gusta que ellos ………….. (colaborar) en las tareas domésticas.
a) colaboraron   b) colaboran   c) colaboren   d) colabore

10. Él no suele ………….. (colaborar) mucho en su casa.
a) colaborase   b) colabora   c) colabore   d) colaborar

10. FUTURO

También podemos utilizar el subjuntivo para referirnos a "un momento en el futuro", siempre estará precedido de: *cuando, hasta que, antes de que, después de que, tan pronto como, antes de que, en cuanto.*

Cuando <u>salga</u> del trabajo te llamaré.
Tan pronto como <u>acabemos</u>, te lo diré.

/ **28. Clasifica las siguientes oraciones, eligiendo si debería emplearse el <u>indicativo</u> o el <u>subjuntivo</u>.**

1. Cuando (comer) jalapeños me duele la barriga.

2. Cuando (comer) con tu primo le diré que te devuelva la mochila.

3. Niños, hasta que no os (acabar) la sopa no podréis comer helados.

4. Pepe, si te (acabar) los espárragos te pongo un poco más de carne.

5. En cuanto (poder) te avisaré.

6. Recuerda que el sábado nosotros (jugar) a las doce menos cuarto.

7. Cuando (jugar) contra ellos tendremos que prepararnos mejor.

8. Vístete antes de que (llegar) tu padre.

9. Tan pronto como (salir) los resultados te informaré.

10. Cuando (hacer) tonterías te pones en ridículo.

INDICATIVO	SUBJUNTIVO

11. CONCESIVAS

Las oraciones concesivas expresan una dificultad para que una acción tenga lugar, la cual, no obstante, se realizará. Algunos de los nexos que se pueden usar son: *aunque, a pesar de, pese a, si bien...*

Aunque el árbitro <u>pite</u> en su contra, ganarán el partido.

Las frases concesivas también pueden tener el verbo en indicativo, entonces estarán indicando un hecho real y conocido.

Aunque el árbitro pita en su contra, ganarán el partido.
(En este momento el árbitro está pitando en su contra)

/ 29. Completa las siguientes oraciones.

1. Ahora no hace nada, pero aunque .... (hacer) los deberes todos los días, no conseguirá aprobar el examen.

2. Por mucho que nosotros se lo .... (repetir) de ahora en adelante, creo que nunca cambiará su actitud.

3. Le han dado el curro, y eso que no .... (tener) ni idea de contabilidad.

4.No he visto tu oficina, pero por muy organizado que tú lo .... (tener) todo no significa que no haya que limpiar.

5. Pese a que ya .... (hacer) buen tiempo, yo sigo pasando frío.

6. Aunque .... (ser) el último hombre vivo, no me verás con él.

7. Pese a no .... (tener) un duro sigue haciendo donaciones.

8. No sé si habrás visto el tráiler pero, por muy interesante que te .... (parecer) la película, no te la recomiendo.

9. Aunque él no .... (nacer) en Sevilla, vivió allí toda su vida.

10. Digas lo que .... (decir), no pienso abrirte la puerta.

11. VALORACIÓN

Podemos expresar nuestro juicio y opinión valorando, para ello usaremos el modo subjuntivo (siempre y cuando haya dos sujetos diferentes y un "que" entre ellos).

Está bien que <u>estudiéis</u> por las tardes.
Es una barbaridad que les <u>permitan</u> hacer esas cosas.

Las oraciones vendrán introducidas por expresiones del estilo:

Me parece fatal que...	*Es una locura que...*	*Es un asco que...*
Es lógico que...	*Es un horror que...*	*Está bien que...*
Es necesario que...	*Es raro que...*	*Es malo que...*
Es una pena que...	*Es una lástima que...*	*Es indignante que...*

✍ 30. Completa las siguientes oraciones.

1. Es una barbaridad que vosotros ………….. (hablar) así en público.

2. Es una vergüenza que las calles ………….. (estar) tan sucias.

3. Me parece increíble que ellos ………….. (ir) sin nosotros.

4. Es necesario que ………….. (cambiar) la legislación de este país.

5. Me parece asqueroso que la gente no ………….. (limpiar) las cacas de sus perros.

6. Es una pena que esta cantante no ………….. (ser) más conocida, tiene una voz preciosa.

7. Es un horror que nadie ………….. (poder) hacer nada por ella.

8. Me parece fantástico que vosotros ………….. (ordenar) la habitación sin que tenga que repetíroslo varias veces.

9. Es bueno que tú ………….. (tener) tu propio espacio personal.

10. Es muy malo que nosotros ………….. (discutir) delante del niño.

EJERCICIOS GENERALES

🎧 **31. Escucha la canción en YouTube, Spotify o en otro lugar y completa los huecos que faltan.**

Me gusta, Rulo y la Contrabanda

Me gusta el taconeo que haces al andar
Y que no ……..……(1) cocinar
Me gusta que te ……..……(2)
Sé bien que tras gritar quizás te ……..……(3) desnudar
Me gusta cuando callas es cuando dices más
Me gusta el doble de tú mitad

Resulta inevitable. Me gustas más que a los demás

Me gusta cuando duermes. También tu despertar
Me gusta tu ……..……(4)
Me gusta tu desorden de vida y de hogar
"Copy paste", soy igual
Me gusta que se ……..……(5) todos a mirar
si cruzas al baño del bar

Resulta inevitable. Me gustas más que a los demás

Por Halloween me compras flores
y dices que te acuerdas de mí
Luego me das ……..……(6) por san Valentín
En Navidad dirás que me quieres
En marzo te da por huir
Tendría que ……..……(7) y olvidarme de ti

Me gusta como arañas después de acariciar
Me gusta el ……..……(8) de tu ciudad
Me gusta que tu alma y que tu libertad
Nunca se podrán comprar
Me gusta que si llueve te vas a caminar
Y tardas días en ……..……(9)

Resulta inevitable. Me gustas más que a los demás

32. Clasifica las siguientes oraciones, eligiendo si debería emplearse o no el <u>subjuntivo</u>.

1. Tú (viajar) a San Francisco en invierno.
2. ¡No (saltar) el muro para entrar en la casa!
3. Si tienes problemas (romper) el cristal y saca el extintor.
4. Es necesario que (traer) una silla, ¿me has oído?
5. Señorita, (pasar) usted primero.
6. Antes de (apagar) el ordenador recuerda guardar los datos.
7. Cuando (descansar) un poco llámame e iremos al gimnasio.
8. Señora García, por favor, (colocar) su bolso aquí.
9. Me parece horrible que (sufrir) tanta gente en el mundo.
10. Me parece fatal (tener) que fregar solo todos los días.
11. (decir) usted la verdad, ¿vio a mi hija ayer?
12. Tú (poder) descansar cuando acabes tus deberes.
13. Lo conozco muy bien y no creo que (hacer) lo que ha prometido.
14. Este aparato se utiliza para (comprobar) la tensión.
15. (Volver) aquí pronto, me gustaría veros de nuevo.
16. Te regalo esta manguera para que (regar) el jardín.
17. Caballero, (probarse) estos botines, le quedarán genial.
18. Después de (trabajar) en el campo debes lavarte las manos.
19. Ordena tu habitación antes de que (regresar) tu padre.
20. Me da un poco de asco que no te (cuidar) las uñas.

NO SUBJUNTIVO	SUBJUNTIVO

33. Lee los textos y di si las siguientes afirmaciones son verdaderas (V) o falsas (F).

FRAN

¿Sabéis lo que no soporto? Que mi amigo Gonzalo sea tan curioso, siempre me está preguntando cosas. Eso sí, me encanta que esté siempre pensando en compartir y ayudar. Mi amigo es de Granada, una ciudad muy bonita de Andalucía, espero que me invite pronto allí, he oído que la gastronomía es espectacular.

GONZALO

No es que a mi amigo Fran le guste quejarse por todo, sino que su temperamento le hace vivir como un Ferrari, no se calla ni cuando está bajo el agua. Quizás algún día le regale un libro de meditación para que se relaje un poco. Lo que más me gusta de mi amigo es que no creo que sea posible aburrirse con él.

		V	F
1.	Fran aprecia que Gonzalo haga preguntas.		
2.	Gonzalo no piensa que su amigo Fran sea una persona habladora.		
3.	A Fran le disgusta que Gonzalo sea tan generoso.		
4.	Gonzalo cree que cuando Fran haga ejercicios de meditación estará más tranquilo.		
5.	Fran quiere que Gonzalo se mude a otra ciudad.		
6.	Gonzalo no cree que su amigo sea una persona divertida.		

34. Completa las siguientes oraciones sobre el futuro, a continuación, coméntalas con tu profesor o compañeros.

1. Cuando tenga 70 años…

……………………………………………………………………..……………

2. Cuando todos tengamos naves espaciales…

……………………………………………………………………..……………

3. Cuando se termine la gasolina del mundo…

……………………………………………………………………..……………

4. Cuando viaje al espacio por primera vez…

……………………………………………………………………..……………

5. Cuando descubramos vida en otro planeta…

……………………………………………………………………..……………

6. Cuando todo el mundo sea un gran país…

……………………………………………………………………..……………

7. Cuando mis nietos sean mayores…

……………………………………………………………………..……………

8. Cuando las personas vivan para siempre…

……………………………………………………………………..……………

/ 35. Lee el siguiente texto y contesta a las preguntas.

EL DESHIELO DE LOS GLACIARES PROVOCARÁ LA MITAD DEL AUMENTO DEL NIVEL DEL MAR

En las próximas décadas, todos los estudios indican que la subida del nivel del mar seguirá aumentando de forma considerable como consecuencia de la crisis climática. Aproximadamente la mitad de esa subida provendrá del deshielo de los glaciares, según un estudio de la Universidad Politécnica de Madrid (UPM).

Ese aumento del nivel del mar tendrá dos consecuencias inmediatas en las zonas costeras: la erosión del litoral y la inundación de zonas habitadas, que se calcula afectará a unos 680 millones de personas, por eso, una de las cuestiones más estudiadas por la ciencia es cuánto puede llegar a crecer el nivel del mar y qué factores serán los desencadenantes.

Francisco Navarro, investigadora de la UPM, ha estudiado el papel que estas enormes masas de hielo pueden jugar en el incremento del nivel del mar en los próximos años y ha determinado que la pérdida de masa de los glaciares será responsable de la mitad del incremento.

"Se prevé que el aumento del nivel del mar para finales del siglo XXI esté entre 43 y 84 cm, dependiendo del escenario de emisiones de gases de efecto invernadero considerado. De este aumento, entre el 47 y el 56% provendrá de la pérdida de masa de los glaciares, bien por fusión o por incremento de las tasas de descarga de icebergs", calcula el catedrático del Grupo de Simulación Numérica en Ciencias e Ingeniería de la UPM.

Pero no todos los glaciares contribuyen por igual a este fenómeno. Actualmente, el manto de hielo de Groenlandia pierde masa más rápido que el de la Antártida (casi el doble), pese a que el manto de hielo Antártico almacena un volumen de hielo diez veces superior al groenlandés.

Si se amplían las proyecciones más allá del año 2100, llegando incluso hasta el año 2300, el aumento acumulado del nivel del mar proyectado para entonces es de entre 0,6 metros y 1,07 metros para el escenario de menor nivel de emisiones y de 2,3 a 5,4 metros para aquellos escenarios en los que el nivel de emisiones es mayor.

Sobre la contribución de los glaciares frente a la de los grandes mantos de hielo, "los estudios coinciden en que los glaciares tendrán una importancia limitada porque, para entonces, habrán perdido gran parte de su masa y muchos habrán desaparecido por completo", pero sobre la contribución de los mantos de hielo, aún "hay grandes discrepancias" entre los científicos y "mucha incertidumbre", advierte.

A la vista de los datos, Navarro recuerda que el incremento del nivel del mar es una realidad que habrá que afrontar en las próximas décadas y el papel de los glaciares dependerá de las acciones que acuerden los países para reducir las emisiones y luchar contra el cambio climático.

Adaptado de: www.publico.es

PREGUNTAS

1. En cuanto a la previsión para las próximas décadas,...
   a) es muy posible que el nivel del mar siga creciendo.
   b) es probable que baje el nivel del mar.
   c) los científicos no creen que la situación empeore.

2. Según menciona el texto...
   a) cuando las personas afectadas se quejen los gobiernos actuarán.
   b) cuando el mar suba habrá desastres naturales.
   c) posiblemente las inundaciones se desplacen a las zonas heladas.

3. De los datos que aportan las investigaciones extraemos que...
   a) posiblemente se detenga el efecto invernadero.
   b) es muy probable que la capa de hielo de Groenlandia crezca.
   c) tal vez, en torno a la mitad del incremento del nivel del mar se produzca por los glaciares.

4. Otro dato que aporta el texto es que...
   a) la subida del nivel del mar puede que llegue a superar los 5 m.
   b) cuando pasen tres generaciones no quedarán más que islas.
   c) el mar continuará creciendo hasta que se inunde la Antártida.

5. Los científicos...
   a) aseguran que no es verdad que el cambio climático exista.
   b) no piensan que se trate de un problema a largo plazo.
   c) no creen que en el futuro existan tantos glaciares como ahora.

36. Completa las oraciones con las palabras del recuadro.

antes de que – ojalá – quizás – antes de – es cierto que – en cuanto

1. No sabía cocinar caracoles ………..….. ir a España.
2. Hablaremos sobre esto …………..….. vuelva a casa.
3. Lleva mucho sin ganar dinero, …………..….. encuentre un trabajo.
4. Haz los deberes …………..….. llegue el profesor o se enfadará.
5. No …………..….. yo hable mal de ti por internet, te han engañado.
6. Hoy no han venido a clase, …………..….. estén enfermos.

37. Clasifica las siguientes oraciones, eligiendo si el <u>verbo subrayado</u> se refiere al presente o al futuro.

1. Normalmente le salen fatal los exámenes tipo test, espero que <u>tenga</u> más suerte con el del martes que viene.
2. Te recomiendo que <u>cambies</u> de actitud ahora mismo.
3. Espero que <u>salga</u> del trabajo a la hora que nos ha dicho.
4. No creo que esto <u>esté</u> bien, deberíamos pensárnoslo dos veces.
5. No hables con él hasta que <u>llegue</u> yo, ¿me has entendido?
6. Me parece genial que lo <u>intentéis</u> con tantas ganas, pero dejadme que os dé algunos consejos.
7. Te presto estos cuadernos para que <u>puedas</u> tomar apuntes tranquilamente a lo largo de la semana.
8. A ella le gusta mucho que yo <u>empiece</u> cada clase con una canción.
9. No es verdad que <u>solucionemos</u> todos nuestros problemas dialogando.
10. Avísame en cuanto <u>sepas</u> algo sobre él, estoy preocupado.

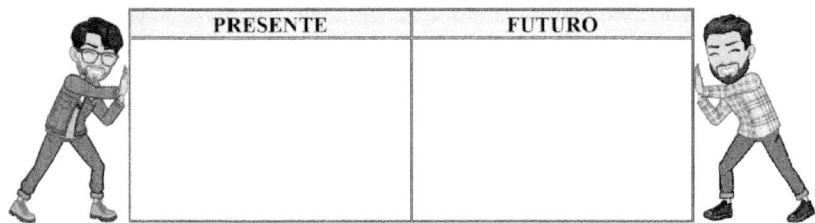

PRESENTE	FUTURO

38. Escucha la canción en YouTube, Spotify o en otro lugar y completa los huecos que faltan.

No importa que llueva, Efecto Pasillo

No importa que ……..…….(1)
si estoy cerca de ti.
Eh, me paso el día molestándote
las travesuras que te quiero hacer
me encanta verte, enfadarte y reírme
y aunque lo ……..…….(2) no puedes hoy
dejarme ni un segundo de querer
y te mortifica que lo ……..…….(3) bien
pero no ves que lo que te doy
es todo lo que sé, es todo lo que soy
y ahora mira niña escúchame.

No importa que ……..…….(4)
si estoy cerca de ti.
La vida se convierte en juego de niños
cuando tú estás junto a mí.
Si hay nieve o si truena
si estoy cerca de ti

Eh, no tengo mucho que ofrecerte ves,
un par de canciones pa' cantarte bien.
En mi ……..…….(5) treinta primaveras de amor
mis poemas pa' todo el mes.
Escucho los latidos de tu corazón
son pasos que se ……..…….(6) más y más a mí.
El mundo gira como un vals y bailo al son de tu vivir.
Y ahora mira niña escúchame...

*Estribillo

Súbete a mi nave
……..…….(7) rumbo a un mundo que te haga sonreír.
No importa que llueva si estoy cerca de ti.
Te llevaré a donde la luz del sol nos ……..…….(8)
donde los sueños ahora están por construir.
Te enseñaré a nadar entre un ……..…….(9) de estrellas
si te quedas junto a mí.

39. Completa el siguiente texto con los fragmentos que faltan.

¿QUÉ HAY DE CIERTO SOBRE VIVIR DE UN BLOG?

Cuando lees o preguntas a gente de la blogosfera, puedes ver cantidades abismales de ingresos al mes, pero por otro lado, ves que hay un montón de gente que quiere ganar dinero con un blog por internet y que apenas reciben unos céntimos al día.

Todo dependerá de si saben cómo iniciar un blog, ...(1).........., la temática, la dedicación, y lo más importante: su modelo de negocio.

Todos conocemos las plataformas gratuitas más importantes en la blogosfera: Blogger y WordPress.com. ¿Es posible ganar dinero y vivir con un blog en estas plataformas? La respuesta corta es sí y no.

Podrás ganar dinero si te lo montas bien, pero es más difícil, ...(2)..........

No eres el dueño de tu blog: tus contenidos claro que son tuyos pues tú los has creado, sin embargo dependes de estas plataformas para seguir funcionando. Es decir, si un día WordPress.com o Blogger cierra o los hackean y pierden los datos de tu blog, todo tu blog se habrá perdido y no tendrás derecho a reclamar nada, pues nunca fue tu dominio.

Estas plataformas son poco personalizables, ...(3).........., pero al ser tan poco personalizables, tu blog será igual en aspecto a los miles de blogs que hay en estas plataformas.

Otro inconveniente, tanto blogger como WordPress.com están muy mal optimizados para aparecer en las primeras posiciones de Google, ...(4).......... Como has visto, estas plataformas no están hechas para vender o promocionar tu negocio. Pero si no tienes pensado monetizarlo o poder vivir de esto siempre puedes hacer un blog gratuito.

Un aspecto positivo es que es posible disponer de un dominio propio

(..........(5)..........) pagando, pero con las mismas limitaciones vistas más arriba.

Después de ver los pros y los contras has podido observar que vivir del blogging con cualquiera de este tipo de medios es bastante difícil.

No obstante, siempre puedes crearte un blog gratis, ...(6).........., o como paso previo para pasar a crear tu propio blog o web con tu propio hosting y dominio.

Como norma general, las personas que escriben blogs en plataformas gratuitas tienen ingresos de su trabajo fuera del proyecto online y, de forma muy esporádica, ...(7).......... Pero esto es mucho más difícil y lo normal es que, si lo consiguen, ...(8).......... Lo que les ha permitido ser conocidos en YouTube, Instagram, Twitter, etc.).

Adaptado de: www.bloggeris.com

FRAGMENTOS

a) menos profesional y la cuantía de lo que ganes será menor

b) ya sea por amor a la escritura

c) por muy experto en SEO que seas

d) del tiempo que lleven

e) sea por llevar muchos años con su blog

f) no digo que estén mal para escribir o incluso promocionar tus productos o servicios

g) es posible que generen alguna venta a través del blog

h) que no acabe en blogspot.com o wordpress.com

40. Completa las oraciones, utilizando según corresponda PARA o PARA QUE.

1. Díselo a tus padres ya ………..….. no se enfaden tanto.

2. Yo estudio español …………..…. encontrar un buen trabajo.

3. Se esconden allí ………..….. no los veamos.

4. Te regalo este portátil …………..….. puedas trabajar.

5. Ve a esa fiesta ………..….. ver si conoces a alguien interesante.

6. Toca el timbre varias veces ………..….. se despierte.

7. Acabad cuanto antes …………..….. así tener tiempo libre.

8. Te lo repito varias veces ………..….. no se te olvide.

41. Completa las oraciones, utilizando según corresponda CREO QUE o NO CREO QUE.

1. La verdad es que ………..….. sea tan listo como dicen.

2. ¿Sabes? ………..….. es una idea fantástica.

3. Por lo que me han dicho de él, ………..….. tenga valor de decírtelo.

4. Que quede claro que ………..….. esto vaya a salir bien.

5. Sinceramente, ………..….. si lo hacemos juntos lo conseguiremos.

6. ………..….. valga la pena intentarlo, es un caso perdido.

7. Realmente ………..….. ganaremos el partido del sábado.

8. Hacedlo, aunque ………..….. lo consigáis.

/ 42. Di si las siguientes oraciones se refieren al presente, al pasado o al futuro.

1. Cuando la vi supe que sería la mujer de mi vida.

2. Cuando llegue tu padre avísame.

3. Cuando hablas así me pones de los nervios.

4. Cuando venga mi cuñado empezamos.

5. Cuando entré me di cuenta de todo.

6. Cuando coloco las figuras de porcelana me sudan las manos.

7. Cuando sepa algo te lo digo, ¿de acuerdo?

8. Cuando arrancó el motor empezó a salir humo.

PASADO	PRESENTE	FUTURO

/ 43. Elige entre el <u>subjuntivo</u> y el <u>imperativo</u>.

1. ¡No (hagas/haz) eso!

2. Por favor, cariño, (salga/sal) pronto hoy del trabajo.

3. Señor Fernández, (escúcheme/escúchame) con detenimiento.

4. Los dos, (prestéis/prestad) atención un momento.

5. Pase lo que pase, no (digas/di) que tú lo hiciste.

6. Hijos míos, (vayáis/id) con cuidado.

7. (Hágame/Hazme) caso, te lo digo porque sé que es lo mejor.

8. ¡No (pongas/pon) eso ahí! Se podría romper.

44. Completa las siguientes oraciones conjugando los verbos entre paréntesis.

1. Quizás yo .... (yo, quedarse) en casa esta tarde viendo la nueva temporada de "La casa de papel".

2. Seguro que .... (salir) el sol mañana por la mañana.

3. Ojalá .... (volver) pronto mis hijos.

4. Es cierto que ayer él .... (conducir) casi todo el camino.

5. No es del todo seguro que nosotros .... (poder) ir mañana contigo al cine.

6. Tal vez .... (nosotros, hacer) un viaje este verano a la zona sur de Castilla la Mancha.

7. La verdad es que ayer ellos lo .... (explicar) muy bien.

8. Dudo que mis colegas .... (ir) mañana de excursión al lago, la predicción del tiempo es terrorífica.

9. No tenemos nada para cenar hoy, posiblemente .... (calentar) unos trozos de la pizza que nos sobró ayer.

10. Pienso que tú .... (deber) hablar más a menudo con tu hermano, es solo un consejo.

11. Ojalá .... (estar) la cena preparada cuando vuelva a casa.

12. Jorge, no te .... (distraer) con tonterías.

13. Es probable que nosotros .... (buscar) esta noche un buen restaurante para cenar, es nuestro aniversario.

14. No merece la pena ni que .... (intentar) explicarte, nadie te va a creer después de lo que hiciste.

15. Tal vez .... (yo, poner) a la venta mi bicicleta vieja la semana que viene, necesito dinero.

16. Si Gonzalo nos invita a su casa .... (ir) a esquiar a Sierra Nevada en invierno.

17. Ojalá .... (llover) esta primavera algo más que el año pasado, las plantas del jardín se van a secar.

18. Seguro que ellos .... (estar) cansados después del partido.

¿PENSABAS QUE YA HABÍAS ACABADO
CON EL SUBJUNTIVO?

PARA NADA, AHORA VAMOS A EMPEZAR
CON EL…

PRETÉRITO PERFECTO

Usaremos el **pretérito perfecto de subjuntivo** cuando tengamos una oración que requiere del subjuntivo, pero el tiempo deba ser el pretérito perfecto.

FORMACIÓN

HABER EN PRESENTE DE SUBJUNTIVO + PARTICIPIO

HABER	Para formar el **PARTICIPIO** cambiamos:
Yo **haya**	· Terminación de los verbos (ar) por (**-ado**)
Tú **hayas**	
Él/ella/usted **haya**	terminar = **terminado** hablar = **hablado**
Nosotros **hayamos**	
Vosotros **hayáis**	· Terminación de los verbos (er/ir) por (**-ido**)
Ellos/as/ustedes **hayan**	correr = **corrido** vivir = **vivido**

Es posible que los jefes <u>hayan salido</u> a almorzar.
Me alegra que mi hijo se <u>haya casado</u> con Cristina este año.

PARTICIPIOS IRREGULARES

Hacer = hecho	Escribir = escrito	Decir = dicho
Abrir = abierto	Volver = vuelto	Morir = muerto
Poner = puesto	Romper = roto	Ver = visto
Predecir = predicho	Oponer = opuesto	Proponer = propuesto
Imponer = impuesto	Exponer = expuesto	Deshacer = deshecho
Devolver = devuelto	Envolver = envuelto	Resolver = resuelto
Cubrir = cubierto	Descubrir = descubierto	Prever = previsto

No creo que <u>haya resuelto</u> el problema todavía.
Quizás <u>hayan devuelto</u> el producto, era malísimo.

USOS

El **pretérito perfecto de subjuntivo**, a pesar de no ser uno de los tiempos que más se emplee al hablar en español, tiene dos usos bastante prácticos:

PASADO

Se emplea en oraciones que, por su construcción requieren del modo subjuntivo (quizás, ojalá, puede que, etc.) y se sitúan en un momento anterior al presente, pero que no ha terminado, por eso se emplea el pretérito perfecto.

Aún no han llegado, quizás se hayan perdido.
Hoy ha estado en el piso, es posible que haya reparado la tubería.

/ 45. Completa las siguientes oraciones utilizando el pretérito perfecto de subjuntivo .

1. Espero que mi equipo ………..….. (ganar) el partido, debe haber terminado hace unos diez minutos.
2. No creo que Fran …………..….. (hacer) nada malo, es un angelito.
3. Todavía no han aparcado, es posible que …………..….. (tener) algún problema con el tráfico.
4. Está todo desordenado, quizás el perro …………..….. (estar) jugando.
5. Me sorprende que …………..….. (salir) sin dar un portazo, parecía que estaba muy enfadado.
6. Dudo que …………..….. (terminar) la función, le quedarán diez minutos.
7. Esperamos que vosotros …………..….. (tener) unas buenas vacaciones, la verdad es que se os ve muy relajados.
8. Mi sobrino está muy feliz, puede que ellos le …………..….. (decir) lo del regalo de cumpleaños.
9. Me disgusta que ella …………..….. (hablar) con mi novia sin decírmelo.
10. He oído la puerta, quizás …………..….. (volver) mi suegra.

FUTURO

Recordando las frases en futuro con subjuntivo *"Cuando tenga 50 años viviré en Alicante"*. También podremos construirlas empleando el **pretérito perfecto de subjuntivo**, la diferencia entre usar el presente o el pretérito perfecto de subjuntivo es que al utilizar este último nos referimos a una acción que pasa un poco antes, pero siempre en el futuro.

Cuando haya acabado el informe te lo enviaré.
En cuanto hayamos limpiado todo esto, saldremos.

PODRÁS COMER HELADO CUANDO TE HAYAS TERMINADO LA SOPA

✎ 46. Completa las siguientes oraciones utilizando el pretérito perfecto de subjuntivo.

1. Cuando .... (terminar) tu entrenamiento, llámale.

2. Podréis ver a la abuela cuando .... (salir) del quirófano.

3. Saldrás a la calle con tus amigos cuando .... (hacer) los deberes de la escuela.

4. Será mejor que no vaya hasta que tú .... (reparar) el coche.

5. Te avisaré cuando .... (acabar) con el plan de estudio.

6. En cuanto tú .... (finalizar) el proyecto podremos hablar.

7. Que no entre nadie hasta que yo .... (verificar) que es seguro hacerlo.

8. Cuando .... (ponerse) el sol podréis marcharos.

9. Hasta que no me .... (explicar) con detalles lo que pasó no te voy a dejar ir con tus amigos.

10. Cuando .... (decidir) entre vosotros lo que hacer con la casa, contádmelo.

47. Piensa si las siguientes oraciones deberían llevar el pretérito perfecto o el presente de subjuntivo.

1. Ojalá (venir) pronto mi novia, estoy deseando verla.

2. No han llegado todavía, es raro, quizás (meterse) en un atasco.

3. Mi nieto acaba de terminar su examen, espero que lo (hacer) bien.

4. Es una pena que la calle (estar) sucia, me dan ganas de volver a casa.

5. Necesito que vosotros (encargarse) de este asunto.

6. Ella parece feliz, no creo que (ver) todavía que su espejo está roto.

7. ¡No (masticar) con la boca abierta! Sabes que me da mucho asco.

8. Ella quiere que nosotros (suplicar) perdón, pero no lo haremos.

PRESENTE	PRETÉRITO PERFECTO

48. Haz suposiciones con lo que puede haber pasado, utiliza el pretérito perfecto de subjuntivo.

49. En cada oración hay un error en la conjugación del verbo en <u>pretérito perfecto de subjuntivo</u>, corrígelo.

1. Cuando haya veído la película te lo diré.
2. No creo que ellos hayáis tenido ningún problema con el entrenador.
3. No pararás hasta que no hayas rompido la cadena de la bici.
4. Debe haber acabado ya en la clínica, ojalá todo haya saliendo bien.
5. Necesito que vosotros hayas limpiado todo esto antes de las ocho.
6. Realmente espero que hayas escribido el texto sin errores.
7. Cuando hayas acabando todo avísame.
8. Alberto parece enfadado, quizás su novia le hayas dicho algo malo.

50. Di si las siguientes oraciones se refieren al <u>pasado</u> o al <u>futuro</u>.

1. No digas nada hasta que haya hablado con Marcos.
2. Es posible que hayan estado aquí.
3. No creo que haya sido tan grave como ella dice.
4. Lo tendrás todo en la mesa antes de que hayas vuelto de almorzar.
5. Necesito que hayas terminado antes del jueves.
6. Cuando hayamos encontrado la solución será demasiado tarde.
7. Ojalá no haya sufrido, me da mucha pena.
8. No es cierto que haya hecho todo eso solo.

POR SUPUESTO

PASADO	FUTURO

PRETÉRITO IMPERFECTO

El pretérito **imperfecto de subjuntivo** tiene diferentes usos, puede referirse al pasado, presente o futuro. Su conjugación es un poco compleja ya que tiene dos formas (*yo hablara/hablase*) y ambas son correctas.

FORMACIÓN

¡TRUCO!

1. Tomamos la tercera persona del plural del <u>pretérito indefinido</u>. *Ellos tuvieron, ellos bailaron, ellos fueron, ellos jugaron, etc.*

2. Quitamos "ron" (tener -> ellos tuvieron -> tuvie-)

3. Añadimos las terminaciones del imperfecto de subjuntivo:

Yo tuviera, tú tuvieras, él tuviera... / Yo tuviese, tú tuvieses, él tuviese ...
Yo bailara, tú bailaras, él bailara... / Yo bailase, tú bailases, él bailase...
Yo fuera, tú fueras, él fuera... / Yo fuese, tú fueses, él fuese...

	-ar / -er / -ir
(yo)	-ra / -se
(tú)	-ras / -ses
(usted, él, ella)	-ra / -se
(nosotros, -as)	-ramos / -semos
(vosotros, -as)	-rais / -seis
(ustedes, ellos, -as)	-ran / -sen

Empleando este "truco" no tendremos verbos irregulares.

Yo quería que ellos <u>fueran</u> al baile.
Si <u>tuviéramos</u> más tiempo repararíamos el motor.
Me gustaría que <u>dijeses</u> siempre la verdad.

PRETÉRITO IMPERFECTO DE SUBJUNTIVO

1 PASADO QUE REQUIERE SUBJUNTIVO

ESPERO QUE EL PAQUETE LLEGASE AYER
ME GUSTÓ MUCHO QUE LO HICIERAS TÚ SOLA
BUSCABAN A UN OPERARIO QUE SUPIERA RUSO

2 COMO SI

JUGARON COMO SI NO SUPIERAN HACERLO
SIEMPRE HABLA COMO SI TUVIERA PRISA
HEMOS ACTUADO COMO SI FUÉSEMOS AMIGOS

3 ORACIONES CONDICIONALES IRREALES

SI TUVIERA MÁS DINERO VIAJARÍA A MÁLAGA

SI HICIERA MEJOR TIEMPO SALDRÍA CON LA BICI
SI PUDIERA TE AYUDARÍA

4 SUBORDINADAS CON CONDICIONAL SIMPLE

ME GUSTARÍA QUE TRABAJASES MÁS
ESTARÍA BIEN QUE PENSASEIS EN ESTO
QUERRÍA QUE VINIERAN CUANTO ANTES

1. PASADO QUE REQUIERE SUBJUNTIVO

Podemos utilizar el pretérito imperfecto de subjuntivo en oraciones que necesitan el subjuntivo, pero están en un tiempo pasado equivalente al pretérito indefinido o imperfecto.

Yo necesitaba a alguien que <u>pudiera</u> ayudarme.
Ella esperaba que tú <u>dijeras</u> algo.

/ 51. Pasa las siguientes oraciones al pasado, sigue el modelo del ejemplo.

1. Voy a visitar a mi abuela para que no se sienta sola.
   Fui a visitar a mi abuela para que no se sintiera sola.
2. Necesito un camarero que sepa hablar bien inglés.
....
3. Quiero que compres unos altavoces nuevos.
....
4. Espero que te vaya todo genial.
....
5. Quiero que me ayudes.
....
6. No me gusta que vayas sola por la calle.
....
7. Busco a un nativo que pueda usar Excel.
....
8. Necesitamos que vengas.
....
9. Me disgusta que hagas todo a tu modo.
....
10. Le pone triste que seas tan antisocial.
....

2. COMO SI

No tiene mucho misterio, debemos utilizar el pretérito imperfecto de subjuntivo después de la locución "como si", da igual que la oración esté en presente, pasado o futuro.

Mi suegro gritó como si le _pasara_ algo realmente grave.
Trabaja como si _fuese_ el jefe de la empresa.

SUENA COMO SI
ALGUNA CUERDA
ESTUVIERA ROTA

/ 52. Completa las siguientes oraciones usando los verbos del recuadro en imperfecto de subjuntivo.

tener – saber – haber – conocer – ser – costar – practicar – estar

1. Ellos actuaban como si no .... nada.

2. Él comía como si .... el último día de su vida.

3. Bebían como si no .... un mañana.

4. Limpiaban como si .... que hacerlo por obligación.

5. Ayer bailó como si .... a diario.

6. ¿No notas tú también como si te .... respirar?

7. Actúa como si .... enfadada, ¿qué le pasa?

8. Habla de ese actor como si lo .... personalmente.

3. ORACIONES CONDICIONALES IRREALES

Otro uso que se le da frecuentemente al pretérito imperfecto de subjuntivo son las oraciones condicionales irreales, también llamado condicional de "tipo 2". De este modo, dejaremos claro que algo es casi imposible que ocurra (pero podría suceder, ya que estas oraciones hablan del presente o futuro). La estructura siempre es la misma:

Si + pretérito imperfecto de subjuntivo + condicional simple

Si fueses más alto jugarías al baloncesto.
Si tuviera más dinero me compraría un yate.

SI MI INSTRUCTOR ESTUVIERA AQUÍ, ME ATREVERÍA A BAJAR A MÁS PROFUNDIDAD

/ 53. Une las dos columnas para formar oraciones condicionales irreales.

1. Si ganaras más dinero...

a. ...te ayudaría a ordenar el sótano de tu casa.

2. Si le prestases más atención...

b. ...podrías compartir piso con ella.

3. Si tuviera más tiempo...

c. ...podrías permitirte más lujos.

4. Si encontraras una pareja...

d. ...tu hijo no sería tan travieso.

5. Si leyeses más...

e. ...aprenderías un montón de vocabulario.

4. SUBORDINADAS CON CONDICIONAL SIMPLE

Ya hemos visto que al subjuntivo le encantan las oraciones compuestas con "dos personas" y "dos verbos" entre un "que". Pues bien, si el verbo principal está en condicional simple, el verbo subordinado deberá estar en pretérito imperfecto de subjuntivo.

Me gustaría que <u>compraras</u> pan.
A ella le pondría muy feliz que <u>fuésemos</u> a su comunión.

/ 54. Completa las siguientes oraciones usando los verbos del recuadro en <u>pretérito imperfecto de subjuntivo</u>.

afinar – ayudar – hacer – talar – tratar – regar – arreglar – atar

1. Ella querría que tú ……….……. el césped más a menudo.

2. Nos gustaría que ……….……. tu voz un poco más al cantar.

3. Me enfadaría mucho que ……….……. mal a tu mascota.

4. Me encantaría que tú ……….……. la cama mientras yo no estoy.

5. Nos alegraría mucho que te ……….……. los cordones sin ayuda.

6. Estaría bien que vosotros ……….……. más en las tareas domésticas.

7. Me pondría muy triste que ellos ……….……. estos árboles.

8. A ella le encantaría que te ……….……. más para salir de fiesta.

/ 55. Clasifica las siguientes oraciones, eligiendo si debería emplearse el <u>subjuntivo</u> o no.

1. Me encantaba (nadar) en el lago los fines de semana.
2. Ellos querían que nosotros (vigilar) a los niños.
3. Si (hacer) buen tiempo iremos de excursión el viernes.
4. Cuando (jugar) mucho al tenis me duele el codo.
5. Estaría genial que tú (tener) más tiempo libre.
6. Ayer me dijo que su madre (querer) cambiar las cortinas.
7. Si me (tocar) la lotería me mudaría a un país tropical.
8. Se enfadó porque su esposa (llegar) tarde la noche anterior.
9. Necesitaba un piso que (estar) cerca de mi despacho.
10. Cuando ella estaba saliendo de casa (tropezarse) con un escalón.
11. Trabajan a diario como si su vida (depender) de ello.
12. Cuando llegué ya (irse) todo el mundo, la sala estaba vacía.
13. Esperaba que vosotros (hacer) algo más por ayudarme.
14. Mi equipo jugó ayer como si (tratarse) de la final del Mundial.
15. Le dije a Fran que (venir) antes de las 23:00, pero no lo hizo.
16. Como (hacer) mal tiempo ayer, nos quedamos en casa.
17. Quizás (llegar) ayer la carta, no he tenido tiempo de comprobarlo.
18. Me dijo que (estar) enferma y que no podría ir.
19. Querría que (poder) hacer más cosas por tu cuenta.
20. Es cierto que ella (mentir) ayer sobre su relación con Gonzalo.

SUBJUNTIVO	NO SUBJUNTIVO

PLUSCUAMPERFECTO DE SUBJUNTIVO

Tranquilidad, porque aprender su nombre es más difícil que el propio tiempo verbal en sí. El **pretérito pluscuamperfecto de subjuntivo** es muy similar a otros tiempos compuestos.

FORMACIÓN

HABER EN IMPERFECTO DE SUBJUNTIVO + PARTICIPIO

HABER

Yo **hubiera/se**
Tú **hubieras/ses**
Él/ella **hubiera/se**
Nosotros **hubiéramos/emos**
Vosotros **hubierais/seis**
Ellos/as **hubieran/sen**

Para formar el **PARTICIPIO** cambiamos:

· Terminación de los verbos (ar) por (**-ado**)

terminar = **terminado**   hablar = **hablado**

· Terminación de los verbos (er/ir) por (**-ido**)

correr = **corrido**   vivir = **vivido**

Me extrañó que él hubiera empezado antes que yo.
Si hubiera sabido que se pondría así no lo habría hecho.

PARTICIPIOS IRREGULARES

Hacer = hecho	Escribir = escrito	Decir = dicho
Abrir = abierto	Volver = vuelto	Morir = muerto
Poner = puesto	Romper = roto	Ver = visto
Predecir = predicho	Oponer = opuesto	Proponer = propuesto
Imponer = impuesto	Exponer = expuesto	Deshacer = deshecho
Devolver = devuelto	Envolver = envuelto	Resolver = resuelto
Cubrir = cubierto	Descubrir = descubierto	Prever = previsto

No creí que hubiera expuesto a la empresa de ese modo.
Si lo hubieses hecho tú ayer, no tendría que hacerlo yo ahora.

PLUSCUAMPERFECTO QUE REQUIERE SUBJUNTIVO

Emplearemos este tiempo en una situación que requiere el pluscuamperfecto (momento anterior a un momento pasado), pero que, por su construcción, también debe estar en modo subjuntivo.

Yo no pensé que <u>hubiera roto</u> la bici de Laura.
Me extrañó mucho que no se lo <u>hubierais dicho</u> antes.

/ **56. Completa las siguientes oraciones utilizando el pretérito pluscuamperfecto de subjuntivo.**

1. Me sorprendió que él no ………..…. (ver) nada la noche anterior.

2. Me extrañó que ellos ………..…. (recoger) nuestros diplomas un día antes sin avisarnos.

3. Nos sorprendió mucho que vosotros ………..…. (acabar) tan rápido de hacer aquello.

4. Me pareció muy extraño que él ………..…. (hacer) eso él solo, sin ayuda de nadie.

5. Me habría encantado que Ángela ………..…. (pensar) en solucionar el problema por su cuenta un día antes.

6. Lo que más le enfadó fue que no ………..…. (decir) toda la verdad la noche anterior.

ORACIONES CONDICIONALES IMPOSIBLES

El uso más común del pretérito pluscuamperfecto de subjuntivo es para formar las oraciones condicionales del tipo 3 (imposibles porque ya han pasado) La estructura es la siguiente:

Si + pluscuamperfecto de subjuntivo + condicional simple/compuesto

Al emplear el condicional simple hablaremos de un momento presente:

Si hubiera nacido en China ahora podría hablar en chino.

Y usando el condicional compuesto, ambos momentos serán pasados:

Si hubiera nacido en China habría estudiado en una escuela china.

SI HUBIERA ENSAYADO UN POCO MÁS, SONARÍA MUCHO MEJOR

/ 57. Une las dos columnas para formar oraciones condicionales de realización imposible.

1. Tu novia no se habría enfadado...	*a. ...no habrías cometido tantos errores.*
2. Si no te hubieras zampado todos esos bollos...	*b. ...no lo habría comentado en público.*
3. Si hubieras revisado tu redacción antes de entregarla...	*c. ...si no hubieras perdido el anillo de compromiso.*
4. Si hubiera sabido que te iba a sentar mal...	*d. ...si hubiese tenido más detergente.*
5. Ellos habrían llegado mucho antes...	*e. ...si no se hubiera pinchado una rueda.*
6. Habría limpiado todas las ollas y sartenes...	*f. ...ahora no te dolería la barriga.*

EJERCICIOS GENERALES

58. Escucha la canción en YouTube, Spotify o en otro lugar y completa los huecos que faltan.

Viento a Favor, Funambulista

Que no vale, que no me sirve que no te ……..……(1)
Que no se trata de controlar cada situación
Que no me importa cuánto te ……..……(2) la billetera
Que aquí se mide por las hechuras del corazón

Que el que se venga no ……..……(3) prisa, encienda una hoguera
Y cuando quiera pueda tumbarse a mirar el sol
Que se ……..……(4) y vuelva a empezar las veces que quiera
Que nadie gana, ni pierde nadie, ni es el mejor

Noches de farra, canciones de amor
Labios que ……..……(5) despacio
Sueño dorado y el viento a favor
Vida para ir ……..……(6) (x2)

No es el destino, solo el camino sin una meta
Solo se encuentra el que ……..……(7) veces ya se perdió
Al que le ……..……(8) todo su mundo en una maleta
Quien ha encontrado su historia en una canción

Quien se ……..……(9) al mirar al cielo y contar estrellas
Quien se despierte después de un sueño revelador
Quien se ……..……(10) del aleteo de una sirena
Y en un segundo convierta el mundo en algo mejor

*Estribillo

Hazlo por diversión, aunque te ……..……(11) mal
En un instante, te haces gigante
Nada te parará, dime qué es lo ……..……(12)
Dime que vas a entrar, tipo elegante
Tira adelante, dale que dale, que va. (x2)

*Estribillo

59. Completa las siguientes oraciones utilizando el subjuntivo en su tiempo correcto.

1. Si no ……….…….. (ir) a México no habría conocido a mi novia.

2. Si ……….…….. (tener) más dinero me compraría un nuevo teléfono.

3. Espero que mañana ……….…….. (hacer) buen tiempo.

4. Le acaban de operar del riñón, espero que ……….…….. (salir) bien.

5. Quiero que ……….…….. (venir) a la fiesta, habla con ellos si puedes.

6. Cuando ……….…….. (cumplir) 18 años podré conducir.

7. Habríamos podido ganar si tú ……….…….. (jugar) mejor.

8. Querían que yo ……….…….. (acabar) antes del lunes, pero no pude.

9. No me gusta que ……….…….. (vestirse) así, pareces un vagabundo.

10. Creo que si ……….…….. (trabajar) más, el jefe se fijaría en ti.

 ## 60. Responde a las siguientes preguntas, extendiéndote lo máximo que puedas.

1. ¿Qué habrías hecho si hubieras viajado a la Luna?

2. ¿Qué te llevarías si fueras a Siberia?

3. ¿Cómo te llamarías si hubieras nacido en España?

4. ¿Comprarías un submarino si tuvieras la oportunidad?

5. ¿Qué habrías hecho si hubieras ganado la lotería?

6. ¿Qué le dirías al presidente/a de tu país si hablases con él/ella?

7. Si hubieras tenido gemelos, ¿los vestirías igual?

8. ¿Qué comerías si vivieras en el desierto?

/ 61. Completa la tabla del <u>subjuntivo</u> siguiendo el ejemplo.

PRESENTE	PRETÉRITO PERFECTO	PRETÉRITO IMPERFECTO	PRETÉRITO PLUSCUAMPERFECTO
Yo sea	*Yo haya sido*	*Yo fuera*	*Yo hubiera sido*
Yo esté			
	Tú hayas ido		
		Ella viviera	
			Él hubiera querido
Yo tenga			
	Tú hayas roto		
		Él viajara	

/ 62. Clasifica las siguientes oraciones, eligiendo si debería emplearse el <u>subjuntivo</u> o no.

1. No habríamos tenido problemas si tú no (llamar) a la policía.

2. Él nunca se tapa la boca cuando (toser), me parece fatal.

3. Si Colón no (viajar) en barco, no habría descubierto América.

4. Creo que ellos (necesitar) cambiar su actitud con respecto a este tema.

5. Si yo (poder) hacer algo te ayudaría, lo siento mucho, de verdad.

6. Me dijo que (estar) con Luisa el día anterior.

7. Me ha alegrado mucho que tú lo (hacer) todo esta mañana.

8. Si estuviera en tu lugar, (pensar) más en el medio ambiente.

SUBJUNTIVO	NO SUBJUNTIVO

63. Completa el texto con las siguientes palabras.

PAGUE - PUEDA – INCREMENTE – TENGAMOS - SEA – SIGA – LLEGUEN – ESTÉ - AVANCEN

¿ES EL BITCOIN LA MONEDA DEL FUTURO?

Para muchos entusiastas, tecnólogos y libertarios, el Bitcoin y otras criptomonedas son el futuro de un mundo con un mercado libre sin restricciones gubernamentales ni bancos centrales. Una moneda más democrática, segura y anónima. Para otros, una burbuja que nunca será una moneda. Y mejor que no lo ……(1)……… ¿Por qué?

El Bitcoin no es el futuro, es el pasado

La lógica de todas las burbujas es siempre la misma: excesivo optimismo sobre el valor de un bien y la expectativa de que el precio del mismo ……(2)……… subiendo. Cuando estalla la burbuja, el precio colapsa.

Por tanto, más que una criptomoneda del futuro, el bitcoin es una moneda del pasado: en cambio, la moneda electrónica, cada vez más barata en términos de producción, es la moneda del futuro. Y aunque el Bitcoin ……(3)……… disminuir sus costes de producción, se compara muy mal con la tecnología ya existente.

¿Por qué no puede ser una moneda?

Matt O'Brien en The Washington Post también reniega del papel del Bitcoin como moneda y destaca este mismo aspecto: el misterioso creador de la moneda decidió que únicamente existirían 21 millones de Bitcoins. Eso explica por qué cuando aumenta la demanda también aumenta el precio. Pero, se pregunta, "¿qué significa que una moneda ……(4)……… su valor?" Pues que, con la misma moneda, se puede comprar 22 veces más cosas que antes. Esto quiere decir que "los precios de todo se han desplomado en términos de Bitcoin".

De Grauwe señala también un segundo aspecto, incluso más relevante aún respecto al futuro del Bitcoin, que hace del Bitcoin una moneda peligrosa puesto que enfrenta a un supuesto mundo idealizado –donde el Bitcoin sería central– con el mundo real. El Bitcoin no estaría respaldado por un prestamista de última instancia, los bancos centrales, y cuando ....(5).......... las crisis, y siempre llegan, todos irían hacia la liquidez, pero esta sería inexistente.

Entonces, ¿por qué la manía de las criptomonedas?

Este será el año de "las criptomonedas para todo". De hecho, se han levantado más de $4.000 millones –la mayoría en este último año– en la introducción de nuevas criptomonedas. "El futuro en el que cada uno de nosotros ....(6).......... nuestra propia moneda sigue siendo improbable. Pero uno en el que cada gran empresa tecnológica expida un token como una moneda propia probablemente no ....(7).......... tan lejos.

Pero antes, unos temas deben ser resueltos en la industria:

¿Pueden los desarrolladores acabar con los numerosos problemas que rodean a la moneda electrónica Bitcoin y otras criptomonedas? Y la dificultad para vender y almacenar los Bitcoins, que hace que la mayoría ....(8).......... a terceros para que lo hagan. Estos servicios intermedios son el mayor punto de errores y fragilidad del sistema.

Para que estas monedas ....(9).......... de verdad es necesario resolver estos problemas. Aunque, de fondo, todos los problemas a los que se enfrentan estas monedas pueden resumirse en "confianza", lo que no deja de ser paradójico puesto que estos sistemas se basaron precisamente en una idea "tecnolibertaria" de un mundo sin "necesidad de confianza" debido a la garantía irrefutable del blockchain.

Mientras, existe apetito inversor y tecnología a disposición para seguir invirtiendo en esta tecnología. Seguimos aún en la fase de expansión, pero habrá que empezar a ver sus utilidades reales y capacidad de resolver problemas concretos. O, si no, no servirán para nada.

Adaptado de: www.thinkleads.com

64. Escucha la canción en YouTube, Spotify o en otro lugar y completa los huecos que faltan con el subjuntivo.

Ojalá, Silvio Rodríguez

Ojalá que las hojas no te ……..…….(1) el cuerpo cuando caigan
Para que no las ……..…….(2) convertir en cristal
Ojalá que la lluvia ……..…….(3) de ser milagro que baja por tu cuerpo
Ojalá que la luna pueda salir sin ti
Ojalá que la tierra no te ……..…….(4) los pasos

Ojalá se te ……..…….(5) la mirada constante
La palabra precisa, la sonrisa perfecta
Ojalá ……..…….(6) algo que te borre de pronto
Una luz cegadora, un disparo de nieve
Ojalá por lo menos que me ……..…….(7) la muerte
Para no verte tanto, para no verte siempre
En todos los segundos, en todas las visiones

Ojalá que no ……..…….(8) tocarte ni en canciones
Ojalá que la aurora no ……..…….(9) gritos que caigan en mi espalda
Ojalá que tu nombre se le ……..…….(10) a esa voz
Ojalá las paredes no ……..…….(11) tu ruido de camino cansado
Ojalá que el deseo se ……..…….(12) tras de ti
A tu viejo gobierno de difuntos y flores

*Estribillo

SOLUCIONES

1.
1 tenga, 2 pruebe, 3 bailen, 4 duermas, 5 vayamos, 6 valga, 7 salga, 8 lean, 9 viajes, 10 suba.

2.
1 acaben, 2 guste, 3 estudie, 4 pueda, 5 estés, 6 repares, 7 vuelva, 8 veáis.

3.
1. No vengas a mi casa.
2. No estudiéis juntos.
3. No vayáis al cine.
4. No corras en la playa.
5. No tomes medicinas.
6. No escupas en el suelo.

4.
1 digas, 2 deje, 3 hagáis, 4 encienda, 5 paseen.

5.
1 apruebes, 2 puedan, 3 gane, 4 sea, 5 te mejores, 6 encuentre

6.
1e, 2c, 3a, 4f, 5b, 6d.

7.
1 digáis, 2 abra, 3 cene, 4 tenga, 5 mientas, 6 barra, 7 grites, 8 cambie.

8.
1 espero, 2 muera, 3 salga, 4 envía, 5 sueña, 6 pruebes, 7 entres, 8 corta, 9 termines, 10 viajo.

9.
1 cueste, 2 sabe, 3 monte, 4 mide, 5 debas, 6 funciona, 7 odie, 8 dura.

10.
1 vuelvan, 2 supriman, 3 escriba, 4 quede, 5 desaparezcan, 6 vayan, 7 consuman, 8 muera.

11.
INDICATIVO: 2 se baña, 4 es, 7 tengo, 8 debes, 10 corro, 13, busco, 15 vamos, 17 es.
SUBJUNTIVO: 1 vuelva, 3 se afeite, 5 salgamos, 6 pueda, 9 terminemos, 11 nos mudemos, 12 ayudes, 14 acabe, 16 gane, 18 compre, 19 hables, 20 ordenen.

12.
1c, 2a, 3b, 4f, 5d, 6g, 7 h, 8e.

13.
1V, 2F, 3V, 4V, 5F.

14.
1a, 2b, 3a, 4c, 5a, 6c, 7b, 8a, 9b, 10a.

15.
1 despierten, 2 recuerde, 3 quedes, 4 descanse, 5 derrame, 6 levante, 7 trate, 8 sea, 9 sea.

16.

1 este, 2 dé, 3 de, 4 esté, 5 de, 6 dé, 7 este, 8 esté.

17.

1a, 2d, 3a, 4c, 5c, 6a, 7a, 8b, 9c, 10a, 11b, 12d, 13b, 14a, 15d, 16a.

18.

1 acabe, 2 pases, 3 venga, 4 limpiemos, 5 se tranquilice, 6 haga, 7 veamos, 8 acabe, 9 diga, 10 vuelva.

19.

1 vayas, 2 visitar, 3 ensaye, 4 diría, 5 dejes, 6 dejaría, 7 leas, 8 cuente, 9 poner, 10 salgas.

20.

1c, 2e, 3a, 4, 5d.

21.

1b, 2b, 3b, 4a, 5a.

22.

1b, 2a, 3c, 4b, 5a, 6c, 7a, 8b.

23.

1 vaya, 2 se ponga, 3 recoge, 4 recoja, 5 deje, 6 Sal, 7 salga, 8 devuelva, 9 hagamos, 10 controle.

24.

1. No cojas los papeles.
2. No bebáis zumo.
3. No fuméis en la oficina.
4. No compres por internet.
5. No estudies por la noche.
6. No salgas del sótano.

25.

1 vaya, 2 deje, 3 tenga, 4 siga, 5 entre, 6 escuche.

26.

1d, 2a, 3e, 4b, 5f, 6c.

27.

1b, 2a, 3a, 4d, 5c, 6d, 7c, 8b, 9c, 10d.

28.

INDICATIVO: 1 como, 4 acabas, 6 jugamos, 10 haces.
SUBJUNTIVO: 2 coma, 3 acabéis, 5 pueda, 7 juguemos, 8 llegue, 9 salgan.

29.

1 haga, 2 repitamos, 3 tiene, 4 tengas, 5 hace, 6 sea, 7 tener, 8 parezca, 9 nació, 10 digas.

30.

1 habléis, 2 estén, 3 vayan, 4 cambie, 5 limpie, 6 sea, 7 pueda, 8 ordenéis, 9 tengas, 10 discutamos.

31.

1 sepas, 2 enfades, 3 dejes, 4 impuntualidad, 5 giren, 6 calabazas, 7 alejarme, 8 caos, 9 regresar.

32.

NO SUBJUNTIVO: 1 viajas, 3 rompe, 6 apagar, 10 tener, 12 podrás, 14 comprobar, 15 Volved, 18 trabajar.

SUBJUNTIVO: 2 saltes, 4 traigas, 5 pase, 7 descanses, 8 coloque, 9 sufra, 11 diga, 13 haga, 16 riegues, 17 pruébese, 19 regrese, 20 cuides.

33.

1F, 2F, 3F, 4V, 5F, 6F.

34.

Respuesta abierta, ejemplos de respuestas:

1. Cuando tenga 70 años viviré en España.
2. Cuando todos tengamos naves espaciales podremos viajar más rápido que ahora.
3. Cuando se termine la gasolina del mundo tendremos que usar otros combustibles.
4. Cuando viaje al espacio por primera vez haré muchas fotos.
5. Cuando descubramos vida en otro planeta trataremos de establecer contacto.
6. Cuando todo el mundo sea un gran país se acabarán las guerras.
7. Cuando mis nietos sean mayores el mundo será muy diferente.
8. Cuando las personas vivan para siempre habrá un grave problema demográfico.

35.

1a, 2b, 3c, 4a, 5c.

36.

1 antes de, 2 en cuanto, 3 ojalá, 4 antes de que, 5 es cierto que, 6 quizás.

37.

PRESENTE: 2, 4, 6, 8, 9.
FUTURO: 1, 3, 5, 7, 10

38.

1 llueva, 2 intentes, 3 sepa, 4 llueva, 5 cartera, 6 acercan, 7 pongamos, 8 mueva, 9 millón.

39.

1d, 2b, 3f, 4c, 5h, 6b, 7g, 8e.

40.

1 para que, 2 para, 3 para que, 4 para que, 5 para, 6 para que, 7 para, 8 para que.

41.

1 no creo que, 2 Creo que, 3 no creo que, 4 no creo que, 5 creo que, 6 No creo que, 7 creo que, 8 no creo que.

42.

PASADO	PRESENTE	FUTURO
1, 5, 8.	3, 6.	2, 4, 7.

43.

1 hagas, 2 sal, 3 escúcheme, 4 prestad, 5 digas, 6 id, 7 Hazme, 8 pongas.

44.

1 me quede, 2 sale/saldrá, 3 vuelvan, 4 condujo, 5 podamos, 6 hagamos, 7 explicaron, 8 vayan, 9 calentemos, 10 debes/deberías, 11 esté, 12 distraigas, 13 busquemos, 14 intentes, 15 ponga, 16 iremos, 17 llueva, 18 están/estarán.

45.

1 haya ganado, 2 haya hecho, 3 hayan tenido, 4 haya estado, 5 haya salido, 6 haya

terminado, 7 hayáis tenido, 8 hayan dicho, 9 haya hablado, 10 haya vuelto.

46.
1 hayas terminado, 2 haya salido, 3 hayas hecho, 4 hayas reparado, 5 haya acabado, 6 hayas finalizado, 7 haya verificado, 8 se haya puesto, 9 hayas explicado, 10 hayáis decidido.

47.
PRESENTE: 1 venga, 4 esté, 5 os encarguéis, 7 mastiques, 8 supliquemos.
PRETÉRITO PERFECTO: 2 se hayan metido, 3 haya hecho, 6 haya visto.

48.
Respuesta abierta, ejemplos de respuestas:
· Es posible que haya trabajado mucho.
· Quizás haya tenido un día duro.
· Es probable que haya estado en una fiesta.
· No creo que haya podido terminar de leer el libro.

49.
1 haya visto, 2 hayan tenido, 3 hayas roto, 4 haya salido, 5 hayáis limpiado, 6 hayas escrito, 7 hayas acabado, 8 haya dicho.

50.
PASADO: 2, 3, 7, 8.
FUTURO: 1, 4, 5, 6.

51.
2. Necesitaba un camarero que supiera hablar bien inglés.

3. Quería que comprases unos altavoces nuevos.

4. Esperaba que te fuera todo genial.

5. Quería que me ayudaras.

6. No me gustaba que fueras sola por la calle.

7. Buscaba a un nativo que pudiera usar Excel.

8. Necesitábamos que vinieras.

9. Me disgustaba que hicieras todo a tu modo.

10. Le ponía triste que fueras tan antisocial.

52.
1 supiera/supiese, 2 fuera/fuese, 3 hubiera/hubiese, 4 tuvieran/tuviesen, 5 practicara/practicase, 6 costara/costase, 7 estuviera/estuviese, 8 conociera/conociese.

53.
1c, 2d, 3a, 4b, 5e.

54.
1 regaras/regases, 2 afinaras/afinases, 3 trataras/tratases, 4 hicieras/hicieses, 5 ataras/atases, 6 ayudarais/ayudaseis, 7 talaran/talasen, 8 arreglaras/arreglases.

55.
SUBJUNTIVO: 2 vigiláramos/vigilásemos, 5 tuvieras/tuvieses, 7 tocara/tocase, 9 estuviera/estuviese, 11 dependiera/dependiese, 13 hicierais/hicieseis, 14 tratara/tratase, 15 viniera/viniese, 17 llegara/llegase, 19 pudieras/pudieses.
NO SUBJUNTIVO: 1 nadar, 3 hace, 4 juego, 6 quería, 8 había llegado, 10 se tropezó, 12 se había ido, 16 hacía, 18 estaba, 20 mintió.

56.

1 hubiera/se visto, 2 hubieran/sen recogido, 3 hubierais/seis acabado, 4 hubiera/se hecho, 5 hubiera/se pensado, 6 hubieras/ses dicho.

57.
1c, 2f, 3a, 4b, 5e, 6d.

58.
1 enteras, 2 pese, 3 tenga, 4 equivoque, 5 besan, 6 devorando, 7 varias, 8 quepa, 9 entretenga, 10 enamore, 11 salga, 12 mejor.

59.
1 hubiera/se ido, 2 tuviera/se, 3 haga, 4 haya salido, 5 vengan, 6 cumpla, 7 hubieras/ses jugado, 8 acabara/se, 9 te vistas, 10 trabajaras/ses.

60.
Respuesta abierta, ejemplos de respuestas:
1. Si yo hubiera viajado a la Luna habría hecho muchísimas fotos.
2. Si yo fuese a ir a Siberia me llevaría un abrigo de esquimal.
3. Si yo hubiese nacido en España me llamaría Margarita.
4. Sin duda alguna, si yo tuviese la oportunidad, me compraría un submarino.
5. Si hubiera ganado la lotería, yo habría viajado por todo el mundo.
6. Si tuviese la oportunidad de hablar con el presidente, le diría que les suba el sueldo a los profesores.
7. ¡Vaya pregunta! Claro que sí, si hubiera tenido gemelos les habría comprado muchos modelitos idénticos y ellos llevarían todos los días el mismo conjunto.
8. Si yo viviera en el desierto comería escorpiones y camellos.

61.

PRESENTE	PRETÉRITO PERFECTO	PRETÉRITO IMPERFECTO	PRETÉRITO PLUSCUAMPERFECTO
Yo sea	*Yo haya sido*	*Yo fuera*	*Yo hubiera sido*
Yo esté	Yo haya estado	Yo estuviera	Yo hubiera estado
Tú vayas	Tú hayas ido	Tú fueras	Tú hubieras ido
Ella viva	Ella haya vivido	Ella viviera	Ella hubiera vivido
Él quiera	Él haya querido	Él quisiera	Él hubiera querido
Yo tenga	Yo haya tenido	Yo tuviera	Yo hubiera tenido
Tú rompas	Tú hayas roto	Tú rompieras	Tú hubieras roto
Él viaje	Él haya viajado	Él viajara	Él hubiera viajado

62.
SUBJUNTIVO: 1 hubieras/ses llamado, 3 hubiera/se viajado, 5 pudiera/se, 7 hayas hecho.
NO SUBJUNTIVO: 2 tose, 4 necesitan, 6 había estado, 8 pensaría.

63.
1 sea, 2 siga, 3 pueda, 4 incremente, 5 lleguen, 6 tengamos, 7 esté, 8 pague, 9 avancen.

64.
1 toquen, 2 puedas, 3 deje, 4 bese, 5 acabe, 6 pase, 7 lleve, 8 pueda, 9 dé, 10 olvide, 11 retengan, 12 vaya, 13

LIBROS QUE TE PUEDEN INTERESAR

 "Vocabulario español A1" es un diccionario ilustrado por categorías y multitud de ejercicios para estudiantes de primer año de español. Es perfecto para consolidar el nivel básico de español. Incluye multitud de actividades online.

 "NUEVO DELE A1", cuaderno de ejercicios para preparar la prueba de español DELE A1. Incluye tres modelos completos del examen, ejercicios de preparación, consejos, audios y soluciones.

 "Nuevo DELE A2", es un manual para preparar el examen de español DELE A2, contiene 4 modelos completos del examen, soluciones, consejos y ejercicios de vocabulario.

 "Nuevo DELE B1", es un manual para preparar el examen de español DELE B1, contiene 4 modelos completos del examen, soluciones, consejos y ejercicios de vocabulario.

 "Nuevo DELE B2", manual para preparar el examen de español DELE B2, contiene 4 modelos completos del examen, soluciones, audios, consejos y ejercicios de vocabulario.

 "Nuevo DELE C1", es un manual para preparar la prueba de español DELE C1. Incluye 4 modelos completos del examen, soluciones, audios, consejos y ejercicios de vocabulario. .

 "NUEVO DELE C2", se trata de un manual para preparar el examen de español DELE C2, contiene 4 modelos completos del examen, soluciones, consejos y ejercicios de vocabulario.

 "La prisión: elige tu propia aventura" es una novela para los estudiantes de nivel más avanzado. Tiene 31 finales diferentes a los que llegaremos tomando diferentes decisiones. El objetivo es escapar de la prisión.

 "Hermes 2, para practicar el subjuntivo" es una novela de ciencia ficción para estudiantes de español. Leyendo las aventuras de la tripulación de una moderna nave espacial, podrás practicar los diferentes tiempos del modo subjuntivo.

 "Materiales para las clases de español" es un libro con cientos de recursos que los profesores pueden utilizar en sus clases. Incluye ejercicios de todo tipo y para todos los niveles, tanto para clases individuales como para grupos. El libro en sí, es una fuente de inspiración para los docentes.

 "SIELE, preparación para el examen" es un manual de apoyo para todos aquellos estudiantes que desean presentarse a la prueba de lengua española SIELE. El libro contiene multitud de ejercicios desde el nivel A1 hasta el nivel C1.

 "Conversación, para las clases de español" es un libro para profesores de español con multitud de ejercicios de expresión oral. Un manual con debates, situaciones de rol, ejercicios de exámenes, juegos y mucho más.

 "Spanish for Business", es un manual para todas aquellas personas que utilizan la lengua española en su trabajo. El libro incluye un modelo completo del examen DELE B2.

 "24 horas, para estudiantes de español" es una novela criminal adaptada para estudiantes, con una gramática muy sencilla que se puede entender sin problemas a partir del nivel A2. La historia tiene lugar en Alicante, contiene aclaraciones de vocabulario, ejercicios y un juego de pistas.

Muchísimas gracias por haber comprado este manual, he intentado ajustar el precio al máximo para que puedas mejorar tu español sin gastar demasiado. Si puedes dejar tu opinión sobre el libro en Amazon me ayudarías muchísimo.

NO OLVIDES ENTRAR EN LA WEB

www.spanishclasseslive.com

Y APROVECHAR EL DESCUENTO DEL CURSO ONLINE
¡OBJETIVO SUBJUNTIVO!

CÓDIGO PROMOCIONAL: *subjuntivo30*

¿QUIERES TRONCHARTE DE LA RISA Y APRENDER AL MISMO TIEMPO?

ÉCHALE UN OJO A LAS REDES SOCIALES DE:

SPANISH CLASSES LIVE

3 COLORES

3 NIVELES

Y ADEMÁS, SI DESEAS MÁS CONTENIDO GRATUITO, ÚNETE A LA COMUNIDAD DE ESPAÑOL DE INSTAGRAM:

EL SEMÁFORO ESPAÑOL

Printed in Great Britain
by Amazon